KB007679

기본소득이
알려주는 것들

⟨BASIC INCOME NYŪMON MUJŌKEN KYUFU NO KIHONSHOTOKU WO KANGAERU⟩
©Toru Yamamori, 2009
All rights reserved.
Original Japanese edition published by Kobunsha Co., Ltd.
Korean translation rights arranged with Kobunsha Co., Ltd.
through BC Agency, Seoul.
이 책의 한국어 판 저작권은 BC 에이전시를 통한 저작권자와의 독점 계약으로 도서출판 삼인에 있습니다.
저작권법에 의해 한국 내에서 보호를 받는 저작물이므로 무단전재와 복제를 금합니다.

기본소득이 알려주는 것들

2018년 12월 10일 초판 1쇄 펴냄

펴낸곳 도서출판 **삼인**

지은이 야마모리 도루
옮긴이 은혜
펴낸이 신길순

등록 1996.9.16 제25100-2012-000046호
주소 03716 서울시 서대문구 연희로 5길 82(연희동 2층)

전화 (02) 322-1845
팩스 (02) 322-1846
전자우편 saminbooks@naver.com

디자인 디자인 지폴리
인쇄 수이북스
제책 은정제책

©2018, 야마모리 도루
ISBN 978-89-6436-151-1 03330

값 15,000원

기본소득이
알려주는 것들

야마모리 도루 지음

은혜 옮김

삼인

기본소득이란 무엇인가

1968년 미국의 공민권 활동가 마틴 루서 킹Martin Luther King Jr. 목사가 주도한 '빈자들의 행진'이 워싱턴에 집결한 이래로 40년 넘는 세월이 흘렀다. 행진 직전에 암살당한 킹 목사 자신과 "나에게는 꿈이 있습니다"라는 구절이 반복되는 그의 연설은 유명하지만, 이 '빈자들의 행진'에서 킹 목사가 어떤 정책을 요구하고 있었는지는 오늘날 거의 잊혀가고 있다.

그가 요구하던 것은 '보장소득'이라고 불리는 정책이다. 이 정책의 사고방식은 간단하다.

모든 개인은 생활에 필요한 소득에 대한 권리를 무조건적으로 갖는다.

이러한 사고방식은 이 시기 미국뿐만 아니라 유럽 각지에서도 주장되었다. 그 후 이 정책안은 학문적으로도 논의가 깊어져, 현재는 '기본소득(basic income)'이라는 통칭으로 알려져 있다.

이 기본소득이란 구체적으로 어떤 시스템을 가리키는 것일까.

예컨대 의료, 교육, 돌봄, 보육, 주거 등에 드는 돈이 거의 무료에 가까운 사회를 상정해보자. (완전무료까지는 아니더라도 일본에 비해 현격히 저렴한 선진국은 아주 많다.) 그러한 사회에서 가령 매월 1일 국가로부터 모든 성인의 은행계좌에 10만 엔이 입금되고 어린이에게는 7만 엔이 입금된다고 하자. 아이 둘을 키우는 비혼모라면 셋이서 총 24만 엔의 금액을 받는다. 아이를 어린이집에 맡기고 '일하러'(집에서 아이들을 키우는 일도 '노동'이라고 생각하지만 일단은 세계적으로 통용되는 용어법을 따르기로 한다) 나가서 벌어들이는 수입의 실수령액이 10만 엔이라면, 그 금액과 3인의 기본소득 24만 엔을 합한 34만 엔이 그 가정에서 쓸 수 있는 1개월분의 금액이 된다.

현행 제도 속에 존재하는 기초연금·고용보험·생활보호의 대부분 — 이는 수입이 끊겼을 때 지급되는 생활보장 기초부분에 해당한다 — 은 폐지되어 기본소득으로 치환된다. 이러한 구조 속에서는 모든 사람에게 돈이 지급되기 때문에, 생활보호를 받지 못한 채 아사하는 비극도 '사라진 연금' 같은 문제도 존재하지 않는다. 열악한 환경에서 노동하는 노동자는 과로사하기 전에 일을 그만둘 수 있으며, 기업도 애초부터 사용자로서 져야 하는 사회보험의 부담으로부터 벗어날 수 있기 때문에 한 명에게 장시간 노동을 시키기보다 고용을 늘릴지도 모른다.

이 '무조건지급'이라는 특징이 현행의 소득보장제도와 기본소득의 차이 중 가장 특기할 만한 점인데, 이 점에 대해 의문을 갖는 사람이 많을 것이다.

이 의문은 크게 두 가지로 나뉜다. 하나는, 기본소득이 생활이 곤란한 사람들을 위한 구제장치로서 존재하는 것이라면 이해할 수 있지만 부자들에게도 지급하는 것은 바보 같은 짓 아니냐는 의문이다. 다른 하나는, 노동할 마음이 없는 사람에게 지급하는 것은 옳지 않은 일 아니냐는 의문이다. 이 '일하지 않는 자 먹지도 말라'라는 비판에는 특히 다음과 같은 경향이 존재한다. 납부할 세금과 지급받을 기본소득을 비교했을 때 자신이 '비용을 부담하는 쪽'이 될 뿐이라고 생각하는 사람들만이 아니라, 지급받을 액수가 많을 수도 있는 사람들조차 무조건지급이라는 사고방식에 저항감을 갖는 것이다.

사실 이 책을 쓰고 있는 나도, 1990년대 초 기본소득을 처음 접했을 때 강한 혐오감을 느꼈다. 당시 나는 일용노동자운동 주변을 어슬렁대고 있었는데, 거기서 보고 들은 현실에 밀착시켜 생각했을 때 기본소득은 뭔가 초점이 어긋난 이야기로 들렸다. 그때 느낀 위화감은 체불된 임금을 지불하라고 요구하고 있는데 시혜로 건네는 돈을 받는 것 같은, 또는 무죄판결을 요구하고 있는데 '사면'이라는 말을 듣는 것 같은 그런 위화감이다. 현재의 내가 이 위화감에 대해 갖고 있는 생각은 이 책의 말미에 다룰 것인데, 무조건적 소득보장이라는 기본소득의 사고방식은

(공감이든 반감이든) 개인의 삶의 방식과 감각에서 기인하는 반응에 직면하는 경우가 많은 것 같다.

무조건지급이라는 특징과 함께 기본소득이 갖는 또 하나의 특징은 개인단위로 지급된다는 점이다. 현행의 소득보장제도에는 가족단위로 사고하는 것과 개인단위로 사고하는 것이 혼재해 있는데, 기본소득의 도입은 개인단위중심 소득보장으로의 진일보이다. 이 점 역시 개인의 삶의 방식과 감각에 근거한 공감/반감을 불러일으키는 이유가 될 것이다.

나는 기본소득이 직접적으로 사회보장에 대한 새로운 사고 방식이며 무엇보다도 빈곤문제 해소에 한몫을 담당할 수 있다고 생각하지만, 이 책은 사회보장을 기술적技術的으로 다루는 책이 아니며 그와는 조금 다른 것을 목표로 하고 있다. 이 책은 개인의 생활과 사회의 관계에 대해, 노동이 무엇인지에 대해 다시 생각해보는 책이 될 것이다.

내가 이 사고방식에 매력을 느끼는 지점도 그리고 이 사고방식을 통해 조우한 친구들 사이에서 논의되는 내용도, 돈 문제인 동시에 돈 문제를 넘어서는 것이기 때문이다. 현대를 사는 우리가 겪고 있는 삶의 괴로움과 막막함은, 먹고살려면 돈이 필요한 현실과 그 돈을 대가로 사회가 우리에게 요구하는 바의 불합리성에서 비롯된다.

예를 들어 우리가 살고 있는 사회에서는, '먹고살려면 장시간 임금노동에 종사하라'고 요구하면서도 '아이가 열이 난다고 아이를 데리러 어린이집에 가려는 노동자는 필요 없다'고 하는 경우가 자주 있다. 이 경우 사회가 우리에게 요구하고 있는 것은, 단지 '먹고살려면 임금노동에 종사하라'는 것만이 아니라 '아이를 키우고 싶으면 부모 양쪽이 다 있는 가정을 꾸리고 유지하며 둘 중 한 명만 풀타임으로 일하라'는 것이다. (요즘 갑자기 미디어에서 격차와 빈곤이 다뤄지고 있는데, 이는 이러한 사회의 요구에 응해도 빈곤을 벗어나지 못하는 사람이 계속 증가해 왔기 때문이다. 그리고 사회의 요구에 응하지 않는 사람들이 겪는 격차와 빈곤은 오래전부터 존재했다.) 요컨대 우리는 가족의 모습과 일하는 방식을 자유롭게 선택할 수 없으며, 사회가 요구하는 제약 속에 살고 있다.

기본소득이라는 사고방식은 사회가 우리에게 부과하는 요구사항에 변화를 가져올 수 있다. 이 숨 막히는 사회 속에서 완전한 형태의 기본소득을 당장은 실현할 생각이 없을지라도 이 사고방식에 대해 논의하는 데 지금-여기에서의 해방감이 있다고 한다면, 그것은 (장래에 일어날 수 있는 일에 대한 희망이어서 그렇기도 하지만) 이 새로운 소득보장에 대해 이야기하는 것이 지금은 사회로부터 부정당하고 있는 삶의 방식을 긍정하는 것과 연결되기 때문일 것이다.

서두에 소개한 킹 목사는 비혼모들의 운동에서 많은 것을 배웠다. 그녀들은 그 운동을 통해 육아·돌봄 등 가사노동에 대한 '생활임금'으로서의 보장소득을 요구했다. '가사노동'이라고 선뜻 쓰긴 했지만 가사가 노동인가 아닌가는 사람에 따라 의견이 갈릴 것이다. 한때 '삼식주침三食晝寢 포함'[가사노동을 삼시세끼 (三食)와 낮잠(晝寢)이 제공되는 편한 일로 폄하하는 표현]이라는 주부를 조롱하는 표현이 있었던 것처럼, 가사를 노동으로 간주하지 않는 사고방식이 지배적이었다.

이에 맞서 가사·육아 등을 주로 여성이 떠맡고 그로 인해 여성의 지위가 불안정해지는 상황을 바꾸고자 하는 여성들의 운동이 1970년 전후로 세계 각지에서 일어났다. 여기서 '가사는 노동이다'라고 재정의되었다. 실제로 이 운동들 내에서 기본소득이 요구되었다. 따라서 이 책은 어떤 점에서 페미니즘의 문제제기와도 연결되어 있다. 우리 사회는 임금노동뿐만 아니라 가사 등 부불노동不拂勞動을 통해서도 지탱되고 있는 것 아닌가 [라는 문제제기 말이다].

최근 특히 유럽에서, 지구화와 더불어 전개되고 있는 새로운 경제상황과 노동형태 간 관계로 인해, 한편으로는 불안정노동자·실업자운동 및 녹색당 등의 운동 내부에서 그리고 다른 한편으로는 경영자 측에서 기본소득이 요구되기 시작하고 있다.

그 배경으로 지구화와 더불어 종래의 복지국가에서 기업에 부과되는 사회보험료 부담이 가중되고 있다는 점을 들 수 있을 것이다. 그리고 종래의 고용 관행이 현실 경제의 작동에 적합하지 않은 것이 되고 있다는 측면도 있을 것이다. 이러한 새로운 상황에서 사람들의 삶을 어떤 형태로 보장할 것인가. 임금인가, 아니면 급부인가. 이 물음이 다양한 입장으로부터 기본소득에 대한 찬반 의견을 끌어내면서 논의되기 시작하고 있다. 즉 이 책은 '지구화 아래 개인의 삶은 기업 및 국가와 어떤 관계를 맺을 것인가'라는 문제에 대해 다시 생각해보는 것이기도 하다.

한편 기본소득이라는 사고방식은 200년 남짓의 역사를 갖고 있다. 기본소득을 지급하는 근거에 대해서는 오랜 기간에 걸쳐 다양한 논의가 이루어져왔다. 예컨대 다음과 같은 근거에는 기나긴 역사가 있다.

그것은 '우리가 현재 누리고 있는 사회의 부가 현재의 우리의 노동을 통해 이룬 것일 뿐만 아니라 과거 세대의 노동의 유산을 통해 이룬 것이라면, 그 부분은 우리 모두가 평등하게 물려받을 수 있는 것 아닌가'라는 생각이다. 예를 들어, 우리가 똑같이 이 지구에 태어났다는 점에서 평등하다면 일정한 토지를 평등하게 부여받아야 한다는 것이다. 이러한 사고방식에 기초하여, 기본소득을 소수의 사람이 토지를 사적으로 소유하는 데 대한 보상으로서 정당화하는 논의도 있다. 그래서 이 책에는 부의 기원과 소유에 대해 근본으로 되돌아가 새롭게 질문을 던지는 논의도 포함되어 있다.

요컨대 이 책의 주제는, 기본소득이라는 사고방식을 개관하여 노동·젠더·지구화·소유(무엇이 자신의 몫인가)라는 문제에 대해 사고하는 것이다.

먼저 제1장에서는 기본소득의 개요를 설명한 후, 선진국들에 공유되고 있는 현행 소득보장의 사고방식을 이와 대조해서 개관한다. 이어서 사회안전망이 기능하지 않는 일본의 현실을 다룬다. 현재의 일본에는 자립지원이라 불리는 움직임이 있는데, 이는 노동복지(workfare)[노동과 복지의 연계]로 불리는 영미권의 움직임을 뒤따르는 것이다. 그리고 몇몇 나라에서 이 노동복지에 대한 대안으로 기본소득이 논의되고 있음을 소개한다.

제2장에서는 미국·영국·이탈리아에서 기본소득을 실제로 요구했던, 여성들을 중심으로 한 운동을 소개한다. 왜 기존의 복지국가 구조가 아니라 기본소득이어야 하는지가 이 운동들 속에서 잘 설명되고 있기 때문이다. 이어서 제3장에서는 그 운동들 속에서 나온 이론을 소개한다. 그리고 그 이론과 유사한 이론이 일본의 장애인운동에도 있었다는 사실을 소개할 것이다. 일본에서 노동을 새롭게 문제 삼는 논의가 축적된 데는 장애인운동의 기여가 크기 때문이다.

제2장과 제3장에서 사회운동과의 연결 속에 있는 논의들을 다룬 후, 여기서 잠깐 쉬어가는 간주間奏로서 철학자들의 논의를 간단하게 소개한다. 이제까지의 논의가 노동 개념을 새롭게 포착하고 확장하는 데 있었다면, 여기서 소개되는 논의는 노동의 상대화이다.

제4장에서는 시대를 더 거슬러 올라가 기본소득이라는 사고 방식이 역사적으로 어떻게 성립되었는지를 설명한다. 제5장에서는 20세기 후반 경제학자들의 논의를 개관한다. 여기서는 노동 유인誘引의 문제, 기술혁신과의 관계, 세제와의 관계 등의 논의가 소개된다. 제6장에서는 2008년 6월 아일랜드 더블린에서 열린 기본소득세계대회의 모습을 비롯하여 기본소득운동의

현재를 소개한다. 또한 녹색운동과의 연관성에 대해서도 다룬다.

　반드시 목차 순서대로 읽지 않아도 된다. 가령 무조건적인 소득보장이라는 발상에 위화감을 느낀다면, 어떤 종류의 위화감을 가장 강하게 느끼는가에 따라 먼저 읽어야 할 장章이 달라질 것이다. '일하지 않는 자 먹지도 말라'라고 생각하는 사람은 제1장부터, '일부 학자들의 탁상공론이잖아'라고 생각하는 사람은 제2장부터, '철학적 깊이가 없는 돈에 대한 천박한 이야기'라고 생각하는 사람은 제3장부터, '신기하고 SF적인 허풍'이라고 생각하는 사람은 제4장부터, '제대로 된 경제학자라면 이런 이야기는 상대도 하지 않을 거야'라고 생각하는 사람은 제5장부터, '지구화 아래에서 복지 확대 같은 건 무리'라고 생각하는 사람은 제6장부터 읽는 것도 하나의 방법이다.

머리말

기본소득이란 무엇인가   ···**4**

제1장

일하지 않는 자 먹지로 말라   ···**17**

-복지국가의 이념과 현실

제2장

가사노동에 임금을!   ···**57**

-여성들의 기본소득

제3장

살아 있는 것 자체가 노동이다   ···**97**

-현대사상 속의 기본소득

간주

'모두에게 실질적 자유를'   ···**121**

-철학자들의 기본소득

제4장

토지나 과거의 유산은 누구의 것인가 ···**133**
-역사 속의 기본소득

제5장

인간은 일을 안 하게 될까? ···**169**
-경제학에서의 기본소득

제6장

남반구, 녹색, 불안정성 ···**211**
-기본소득 운동의 현재

맺음말

의식이 족해야······? ···**248**

옮긴이 후기 ···**255**

일하지 않는 자
먹지도 말라

복지국가의 이념과 현실

기본소득이란 현존하는 소득보장 구조를 근본적으로 전혀 다른 것으로 재편하고자 하는 시도이다. 동시에 그것은 국가가 노동, 가족관계 등에 관여하는 방식도 변화시킨다.

제1장에서는 우선 기본소득이 지금까지의 소득보장 구조와 어떻게 다르며 어떤 이점이 있는지를 개관한다.(1절 기본소득의 개요) 한편으로 기본소득의 이점이란 뒤집어보면 현행 제도의 결점이기도 하다. 따라서 이에 뒤이어 현행 제도의 특징을 되짚어볼 것이다. 첫째로, 이른바 선진국이라 불리는 나라들이 공유하고 있는 사고방식을 개관할 것이다.(2절 복지국가의 구조) 둘째로, 그러한 소위 '글로벌 스탠더드'라는 사고방식에 기초하고 있는 일본의 소득보장 구조가 현실에서는 제 기능을 못하고 있음을, 그리고 기본소득이 그에 대한 해결책 중 하나가 될 수 있음을 보여줄 것이다.(3절 일본의 현실) 셋째로, 일본보다 소득보장이 잘 기능하고 있는 것으로 보이는 나라들도 다양한 문제를 갖고 있으며 그러한 가운데 기본소득이 대안으로 부상하고 있음을 소개할 것이다.(4절 노동복지와 기본소득)

기본소득의
개요

기본소득의 정의와 그 매력

머리말에서도 언급했듯이 기본소득은 '모든 사람이 생활에 필요한 소득을 무조건적으로 받을 권리를 갖는다'는 사고방식이다. 이 책 전체에 걸쳐 다루고 있듯이 기본소득은 약 200년 전부터 논의되어왔고 현재 세계 각지에서 요구되고 있기 때문에, 이를 더욱 상세하게 정의하면 논자에 따라 차이가 있다.

아래에 아일랜드 정부가 2002년 발표한 「기본소득 백서」에 기술되어 있는 세부적인 정의를 소개하고자 한다. 이는 이 정의가 선진국들의 논의의 최대공약수라고 할 수 있는 내용을 잘 보여주고 있으며, 정부보고서의 성격상 그 나름대로 균형 있게 기술되어 있기 때문이다.

- 개인에게 그가 어떤 상황에 놓여 있는지와 무관하게 무조건적으로 지급된다.
- 기본소득 급부에는 세금이 부과되지 않고, 그 외의 모든 소득에는 세금이 부과된다.
- 바람직한 급부 수준은, 존엄한 삶을 보장하며 실생활에서 선택의 여지를 보장하는 수준이어야 한다. 그것은 빈곤

선(貧困線)과 동일한 또는 그 이상의 수준이 될 수도 있고, '적절한' 생활보호기준과 동등한 수준이나 평균임금의 몇 퍼센트가 될 수도 있다.

이상이 아일랜드 「기본소득 백서」가 내린 기본소득의 정의이다. 이 백서는 핵심적인 특징으로 아래와 같은 점을 들고 있다.

(1)현물(서비스나 쿠폰)이 아닌 **현금으로** 급부된다. 그러므로 언제 어떻게 사용할지에 제약이 없다.

(2)특정 시점에 일괄적으로 급부되는 것이 아니라, 매월 혹은 매주 **정기적인 지급**의 형태를 띤다.

(3)공적으로 관리되는 자원을 재원으로 하여 **국가 또는 기타 정치공동체(지방자치단체 등)에 의해** 지급된다.

(4)세대나 세대주가 아니라 **개인에게** 지급된다.

(5)**자산조사 없이** 지급된다. 그러므로 일련의 행정관리와 그에 따른 비용, 그리고 현존하는 노동유인을 저해하는 요인이 사라진다.

(6)**노동능력조사 없이** 지급된다. 그러므로 고용유연성과 개인의 선택의 여지를 최대화하며, 사회적으로 유익하면서도 저임금인 일에 대한 유인을 높인다. (예컨대 일본의 현행 생활보호는 개개인이 아니라 세대별로 지급된다. 지급을 받기 위해서는 소득과 자산 등을 조사하는 자산조사를 받아야 하며 노동능력 유무 또한 문제가 된다.)

이 백서는 이와 같은 특징을 갖는 기본소득의 매력으로 다음과 같은 점을 들고 있다.

(A) 현행 제도만큼 복잡하지 않고 매우 단순하다. 행정[당국]도 이용자도 이해하기 쉽다. 자산조사와 사회보험기록 관리라는 현행 행정절차가 많은 부분 불필요해진다.

(B) 현행의 세제 및 사회보험시스템에서 생기는 '빈곤의 덫'이나 '실업의 덫'(제5장 참조)이 제거된다.

(C) 자동적으로 지급되기 때문에, 급부가 늦어지거나 수급으로 인해 수치심(낙인)을 느끼는 것 같은 문제가 사라진다. 기본소득 급부를 위해 늘어난 세금은, 기본소득의 형태로 시민들에게 돌아간다.

(D) 가정에서 노동을 하고 있지만 개인소득이 없는, 즉 지불노동에 종사하고 있지 않은 사람을 포함한 모든 사람에게 독립된 소득을 지급한다.

(E) (생활보호와 같은) 선별주의적 접근 방식은 상대적 빈곤을 제거하는 데 실패했다. 아동수당이나 기본소득 같은 보편주의적 접근 방식이 효과적일 수 있다.

(F) 아래와 같은 점들로 인해 더욱 공정하고 결속력 있는 사회를 만들 수 있을 것이다.
  - 일과 고용에 친화적이다.
  - 형평성을 촉진하며, 적어도 빈곤을 면하는 데 필요한 수준의 소득을 확보한다.

- 조세부담을 더욱 형평성 있게 만든다.
- 사회보험 및 조세체계를 개인단위로 변경하는 데 필요한 하나의 공정한 방법을 제공한다.
- 성별에 관계없이 평등하게 대우한다.
- 투명성을 갖는다.
- 노동시장에 있어 효율적이다.
- 가사·육아 등, 시장경제가 자주 무시하는 사회경제적 활동을 보상한다.
- 교육과 직업훈련을 더욱 촉진한다.
- 기술발전이나 비전형적인 노동방식 등을 포함하여, 글로벌 경제 변화에 대응한다.
- 기본소득 도입에 따른 다양한 경제적·사회적 개혁으로부터 긍정적인 효과가 발생한다.

여기서 거론되고 있는 특징과 이점은 현행 사회보장제도가 갖는 특징과 대비되는 것이자 그 결점을 역전시킨 것이다. 사회보장 시스템은 사회가 어떤 노동을 존중하는지, 어떤 형태의 시민결합(가령 가족)을 존중하는지, 어디까지가 정부의 책임으로 간주되는지 등을 전제로 성립되어 있다.

이러한 사회보장 시스템과 그것을 지탱하고 있는 가치관을 합하여 '복지국가'라고 칭할 수 있다. 제2차 세계대전 이후, 선진국이라 불리는 나라들은 정도의 차이는 있으나 복지국가적 요소를 가진 사회를 형성해왔다. 이제는 각국이 공유하고 있는 이념을, 그리고 일본과 다른 선진국의 현실을 개관함으로써, 앞에서 기술한 기본소득의 특징 및 이점이 의미하는 바를 설명하고자 한다.

복지국가의
구조

빈곤의 발견에서 복지국가로

국가가 사람들의 생계를 보장한다는 사고방식은 오랜 역사를 갖고 있다. 예컨대 고대의 율령국가는 신민에게 경작지를 배분함으로써 우선 생계를 꾸려나가게 만들고자 했다. 다른 한편 곤궁에 처해 있는 사람들을 위해 자선 형태의 구제활동을 하는 사람들도 예전부터 존재했다.

국가 차원에서든 지방 차원에서든, 행정기관이 빈곤에 대한 대응으로서 현금지급을 집행한 것은 약 200년 전부터 있었던 일이라 할 수 있다. 바로 우리가 자본주의로 알고 있는 경제구조가 탄생한 때이다. 사실 그 무렵 기본소득과 같은 제안이 출현하기도 했는데 이에 대해서는 제4장에서 상세히 살펴보기로 하고, 여기서는 사람들이 노동력을 팔아 임금을 얻는 노동자로서 살아가는 방식이 확산되기 시작한 19세기 중엽의 소득보장에 관해서는 어떤 사고방식이 일반적이었는지부터 시작해보자.

그 무렵 소득보장 정책이나 기타 정책을 입안하는 사람들에게 빈곤층이란 완전한 '타자'였다. 그들에게 빈곤층은 '나태하고' '위험한' 사람들로 인식되었다. 나아가 빈곤층에는 두 부류의 사람들이 있다고 생각되었는데, 바로 국가에 의해 '구제받아 마땅한' 사람들과 '구제받을 필요가 없는' 사람들이다.

예를 들어 19세기 빅토리아 시대의 영국에서는 빈곤자 중 고령자나 장애인 등이 '구제받아 마땅한 빈민'이었다. 이에 반해 고령자도 장애인도 아닌 노동할 수 있는 빈곤자(워킹푸어)는 '구제받을 필요가 없는 빈민'으로 간주해 그들에게 노동규율을 철저하게 심어준다는 방침을 취했다. '위험'하기 때문에 구빈원이라 불리는 수용시설에 격리해 거기서 그들의 '나태'한 심성을 바로잡는다는 취지이다. 또한 '열등처우의 원칙'이 천명되어, 구제받아 마땅한 빈민이든 구제받을 필요가 없는 빈민이든 복지수혜자는 일반시민보다 열등한 처우를 받아야 한다고 여겨졌다. 어떤 사람이 가난하다고 했을 때, 문제는 사회에 있는 것이 아니라 가난한 개인에게 있다고 생각되었던 것이다.

사회에 문제가 있다고 생각한 사람도 없지는 않았지만, 정책입안자 중에 그런 사람이 많아지게 된 것은 19세기 말에서 20세기 초에 이르는 시기였다. 예컨대 노동자를 고용하는 경영자 중 양심적인 사람은 자신이 고용한 노동자들의 참상에 관심을 갖고 빈곤 조사를 실시했다. 또는 전쟁을 치른 나라가 징병된 자국 병사들의 영양실조 상태에 경악하게 되었다. 이러한 일련의 사건을 거치며 일부 '위험한' 계급의 극빈이 아닌 일반대중의 빈곤이 '발견'된 것은 100여 년 전의 일이다.

이러한 지배층 사이에서 일어난 '사회문제'로서의 빈곤의 발견은 가령 산업재해에 대한 보상 등과 같은 여러 형태의 새로운 정책으로 반영되었지만, 소득보장의 틀 자체가 변한 것은 제2차 세계대전 이후의 일이다. 제2차 세계대전이 한창일 때 영국에서는, 새로운 소득보장 시스템의 청사진을 제시하는 『베버리지 보고』라는 이름의 정책위원회 보고서가 완성된다. 당시 영국은 적국인 독일 같은 전쟁(warfare)국가가 아닌, 복지(welfare)국가를 목표로 천명했다. 이러한 상황에서 전후의 새로운 소득보장 시스템은 영어권을 중심으로 복지국가라 일컬어져왔다.

이 복지국가의 이념은 나라마다 정도의 차이는 있지만 대체로 아래와 같다.

① **완전고용**의 달성(이것이 개인에게 의미하는 바는 '일자리는 찾으면 얼마든지 있다', '취직을 하면 먹고살 수 있다'이다)을 전제로 하여

② 일시적인 리스크에는 사전에 개인들이 보험료를 납부하는 **사회보험**으로 대응하고, 그것으로도 무리일 때는 예외적으로

③ 생활보호 등 납부금은 없지만 수급을 위해 소득 등에 관한 심사를 받아야 하는, **공적부조(公的扶助)**라는 급부를 안전망으로서 이행한다.

②에서 언급된 사회보험의 범주는 나라마다 다르다. 예컨대 연금은 일본에서는 사회보험이지만 호주에서는 공적부조이다. 의료는 일본에서는 사회보험이지만 영국에서는 전액 세금으로 운영되는 서비스이고, 반대로 미국에서는 민간에 맡겨져 있다.

이처럼 구체적인 제도로서는 서로 다르지만, 대강의 이념은 공유하고 있다고 할 수 있겠다. 그림으로 나타내면 다음과 같을 것이다.(〈도표 1〉) 생활보호를 안전망에 비유하는 것은 정부도 경제학자도 채택하고 있으며, 이른바 정책입안자들도 잘 이해하고 있는 바이다. 이 책에서는 이와 같은 기존의 복지국가 구조를 **보험·보호 모델**이라고 부르겠다. 사회보장이 사회보험을 중심으로 편성되어 있고 그다음 보충적으로 생활보호 등의 공적부조가 적용되는 2단계 구조이기 때문이다.

물론 복지국가라고 불리는 모든 나라가 이 이념대로 잘해나가고 있는 것은 아니다. 여기서 우선 일본의 현실은 어떤지 개관해보자.

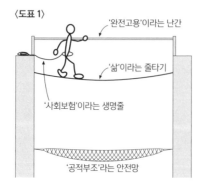

〈도표 1〉

'완전고용'이라는 난간

'삶'이라는 줄타기

'사회보험'이라는 생명줄

'공적부조'라는 안전망

일본의
현실

극단적으로 낮은 수치

먼저 앞서 서술한 ①의 완전고용은 달성되지 못한 상태이다. 찾기만 하면 일자리가 있고 취직만 하면 먹고살 수 있는 상황이라면, '워킹푸어' 같은 말은 통용되지 않을 것이다. ②의 사회보험은 연금, 의료, 실업, 산업재해 등을 대상으로 제도화되고 있다. '사라진 연금' 같은 보도가 사회보험의 신뢰성에 의문을 제기하고 있지만, 여기서 이 문제를 깊게 다루지는 않겠다.

③의 생활보호는 어떨까. ①과 ②가 어떻든, ③이 제대로 되면 우선 심각한 빈곤에서 벗어날 수 있을 것이다. 그러나 일기에 '주먹밥이 먹고 싶다'고 쓰고 사망한 사람이 있듯이, 일본에서는 가끔 아사 사건 같은 것이 보도된다. 한 보고에 따르면, 일본 유수의 대도시 중 한 곳에서는 1년에 천 명도 넘는 사람이 길에서 죽고 있다고 한다.[1]

이런 일이 왜 발생하는 것일까. 다음으로 ③의 안전망으로서의 생활보호 현황을 살펴보자.

생활보호를 수급할 수 있는 세대 중 실제로 수급하는 세대

---

1 生田武志, 『ルポ最底辺: 不安定就労と野宿』, ちくま新書, 2007.

의 비율을 보여주는 수치로, 포착률이라는 것이 있다. 일본은 이 추계가 외국에 비해 극단적으로 낮다.(〈도표 2〉) 제도의 성격상 100% 달성되기 어려운 것이긴 하지만, 많은 나라의 경우 50%가 넘는다. 그런데 일본은 20% 전후로 이야기되고 있다. 나아가 경제학자 다치바나키 도시아키橘木俊詔에 따르면, 포착률은 1995년 19.7%였던 것이 2001년 16.3%로 점점 하락하고 있다.[2]

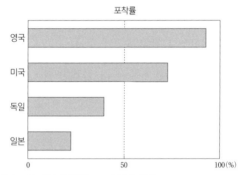

〈도표 2〉 포착률 국제 비교

포착률

출처: 2006년 11월 29일자 방송 NHK 〈복지네트워크〉.

이에 반해 전체인구/세대 대(對) 수급자/세대 비율을 보호율이라고 하는데, 이는 〈도표 3 (a, b)〉과 같다. 이 포착률과 보호

---

2   橘木俊詔·浦川邦夫,『日本の貧困研究』, 東大出版会, 2006. 포착률은 추계치의 성격상 연구에 따라 수치에 차이가 있다. 그 외의 대표적인 연구에 대해서는 駒村康平, 「低所得世帯の推計と生活保護」(慶應義塾大学『三田商学研究』第46巻 3号, 2003)를 참조하라.

율을 합쳐 이해하기 쉽게 표현해보면, 다음과 같은 상황이 발견된다.

〈도표 3-a〉 보호율

총 세대수에서 생활보호 세대가 차지하는 비율 (단위: 천분율)

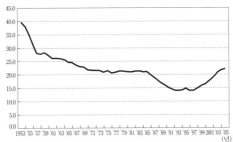

출처: 국립사회보장·인구문제연구소의 '생활보호' 관련 공적 통계
데이터일람 수치를 그래프화한 것.

〈도표 3-b〉 보호율

총인구에서 생활보호 수급자가 차지하는 비율 (단위: 천분율)

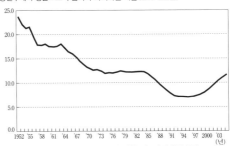

출처: 국립사회보장·인구문제연구소의 '생활보호' 관련 공적 통계
데이터일람 수치를 그래프화한 것.

100세대 중 10세대가 생활보호기준 이하의 삶을 살고 있지만, 실제로 보호를 받고 있는 것은 2세대에 불과하다.

정말이지 너무 낮은 수치이다. 포착률 추계는 소득만 고려할 뿐 자산은 고려하지 않기 때문에, 이 수치만으로 제도의 실시 요강에 비추어 문제가 있다고 뭉뚱그려서 말할 수는 없다. 그러나 이 사회의 안전망으로서는 기능부전에 빠진 상태라고 말한다면 지나친 표현일까.

2007년 후생노동성의 '생활부조기준 검토회'는 소득 하위 10%인 사람들의 생활수준에 비해 생활보호 수급자들의 생활수준이 높다는 것을 근거로 생활보호비 인하를 제언했다. 이제껏 정부는 일반세대 소비수준과의 비교(60% 이상)를 통해 보호기준을 설명해왔기 때문에, 이는 사고방식의 큰 변화이다. 그러나 나는 이 새로운 사고방식이 온당한 것인지 잘 모르겠다.

생활보호 기준은 이를테면 그 수준을 밑도는 생활을 하는 사람이 존재해서는 안 되는 빈곤선 혹은 국민최저선으로 지금껏 사고되어왔다. 그런데 그 수준을 밑도는 생활을 하고 있는 사람들과 비교했을 때 보호기준이 너무 높으니 이를 낮추자는 것이다. 비유하자면, '최저임금을 지키지 않고 일을 시키는 회사의 직원들이 받는 임금과 최저임금을 비교했을 때 최저임금이 높으니 최저임금을 내리겠다'고 말하는 셈이지 않은가.

일단 포착률 20%라는 수치는 미디어에서도 거의 다뤄지지 않는다. NHK가 2006년 11월 29일에 방송한 '복지네트워크'에서 다룬 것은 양심적인 예외라고 말해도 좋을 것이다. 수급해야 할 사람이 급부에서 누락되는 것을 '누급(漏給)'이라고도 부르며, 반면 '수급해서는 안 되는' 사람이 급부를 받는 것을 '남급

(濫給)'이라고 하기도 한다. 미디어에서는 '부정수급'이라는 단어가 일반적으로 사용되는데, '부정수급'은 자주 보도되는 반면 포착률에 대해서는 눈에 띄게 침묵한다.

영국의 경우 지자체가 리플릿을 만들어 생활보호에 해당하는 제도를 홍보하는 데 열심이지만(〈사진 1〉), 일본의 경우 일부 지자체를 제외하면 그런 일은 거의 없다. 홍보는커녕, 생활보호를 받지 못해 비참한 사망자가 발생하면 '보다 세심한 심사를' 같은 전문가의(때로는 후생노동성의!) 코멘트가 신문 지면을 장식한다. 나는 이런 상황에 분노하지 않을 수 없다. 이런 식으로 복지 현장의 케이스워커[사회복지사]에게 모순을 떠넘겨 무엇을 하자는 것인가. 현장직원은 한정된 예산 안에서 일을 할 수밖에 없는 상황에 놓여 있다.

〈사진 1〉 영국 런던 뉴엄(Newham)구(區)의 복지급부 광고 팸플릿.

요컨대 포착률이 20%를 넘지 않는다는 것은, 단순하게 생각하면 예산을 현 상황의 5배로 만들어야 한다는 뜻이다. 그러나 이런 당연한 것을 말하는 사람은 거의 없다.

수급세대를 5배로 늘릴 필요성이 주장되기는커녕, 오히려 생활보호 삭감의 필요성이 미디어를 달구고 있다. 그 상징적인 예로 2005년도에 보호세대 수가 처음으로 백만 세대를 넘었다는 뉴스를 들 수 있는데, 2006년 가을에 나온 이 뉴스는 '그래서 보호비를 어떤 식으로든 삭감해야 한다'는 톤으로 보도되었다.

가령 2006년 10월 7일『일본경제신문』조간의「생활보호 수급 처음으로 백만 세대 돌파」라는 제목의 기사를 살펴보자. 후생노동성이 보호세대 증가 이유로 들고 있는 것은 "인구의 고령화로 인해 소득이 적은 고령세대가 늘어난 것 등"이라고 소개하면서, 후생노동성이 "제도를 다시 검토하여 보호비를 억제할 생각"임을 전하며 기사를 맺고 있다.

이를 안전망이라는 비유로 설명하면 다음과 같은 코미디가 펼쳐진다.

고령자가 늘어난 바람에 줄타기에 실패해 안전망에 떨어지는 사람이 늘어났다. 안전망 여기저기에 나 있는 구멍으로 지금도 5명 중 4명이 땅으로 떨어지고 있는데, 그런데도 망 위에 남아 있는 사람이 많아져 문제다. 그러니 구멍을 더 넓히는 동시에 안전망을 좀 더 땅에 가까이 대서, 설령 구멍으로 떨어지지 않고 망 위에 남아 있다 하더라도 땅에 조금 닿도록 해 망에 걸리는 부하를 줄이자.

또한 같은 기사에는 시각적 자극을 위해 수급세대 수가 점점 증가하는 그래프가 게재되어 있다. 앞서 언급한 보호율 그래프

《〈도표 3-a, b〉》를 기억하고 있는 사람은 이 수치가 갈수록 높아졌었는지 의문이 들 것이다. 물론 총인구는 과거 2004년까지는 기본적으로 증가세였기 때문에, 보호율보다는 수급세대 수가 점점 올라가는 경향이 있다.(〈도표 4〉) 그렇지만 이 수치 역시 일관되게 점증하는 것이 아니라 증감을 반복하는 것임을 알 수 있다.

〈도표 4〉 생활보호 수급세대 수

월평균 생활보호 수급세대 수

출처: 국립사회보장·인구문제연구소의 '생활보호' 관련 공적통계 데이터일람 수치를 그래프화한 것.

그런데 이 기사에는 수급세대 수가 감소하고 있던 1990년대 전반은 빠져 있고 1996년 이후만 그래프로 나와 있다. 이것이 의미하는 바는 이렇다. 먼저, 생활보호의 이념(최저생활의 보장)과 세계적인 통념(최후의 안전망)에 비추었을 때 가장 중요한 포착률은 다루지 않는다. 그리고 재정지출의 증감을 고려한다 해도, 총인구의 증감에 중립적인 보호율 대신 총인구의 증대에 좌지우지되는 세대수에 착목한다. 나아가 증감을 반복하던 세대수가 감소하는 국면에 대해서는 다루지 않는다.

생활보호라는 제도의 성격

그러나 현재 일본에서는 '어쨌든 돈이 없으니 별수 없지 않느냐'는 목소리가 나오고 있다. 그런데 우리는, 안전망의 구멍을 부지런히 넓혀야 할 만큼 경제상황에 맞지 않는 부담을 강요당하고 있는 것일까.

앞서 언급한 ③에 해당하는 생활보호 같은 시스템을 공적부조 또는 사회부조라고 부르는데, 이 제도에 관한 국제비교연구에 따르면 일본의 생활보호비는 오히려 너무 적다.(〈도표 5〉) 그렇다고 생활보호 이외의 사회보장급부비가 높은가 하면 그것도 오히려 적은 쪽에 속한다.(〈도표 6〉)

〈도표 5〉 GDP에서 공적부조수당 현금지급총액이 차지하는 비율 (1980~1992년)

(%)

국가	1980	1985	1990	1991	1992	지수*
오스트레일리아	5.4	6.0	5.2	6.1	6.8	126
오스트리아	1.0	1.0	1.4	1.2	1.3	124
벨기에	0.4	0.6	0.6	0.7	0.7	156
캐나다	1.6	2.0	2.0	2.3	2.5	156
덴마크	N/A	0.9	1.2	1.4	1.4	N/A
핀란드	0.1	0.1	0.2	0.3	0.4	438
프랑스	0.2	0.3	0.5	0.5	0.5	196
(주택부조 포함)	0.6	1.0	1.2	1.3	1.3	205
독일	1.0	1.6	1.6	1.6	1.6	160
그리스	0.1	0.1	0.1	N/A	N/A	100
아이슬란드	N/A	N/A	0.2	0.2	0.2	N/A
아일랜드	3.0	4.5	4.3	4.7	5.1	174
이탈리아	1.1	1.3	1.4	1.5	1.5	135
일본	0.4	0.4	0.3	0.3	0.3	60
룩셈부르크	N/A	N/A	0.4	0.4	0.4	N/A
네덜란드	1.7	2.5	2.3	2.2	2.2	133
뉴질랜드	8.6	9.2	12.5	13.5	13.0	151
노르웨이	0.1	0.3	0.7	0.7	0.7	486
포르투갈	0.2	0.6	0.5	0.4	0.4	221
스페인	0.3	0.8	1.1	1.1	1.2	473
스웨덴	0.2	0.4	0.4	0.4	0.5	272
(주택부조 포함)	0.8	1.2	1.0	1.3	1.5	186
스위스	N/A	N/A	N/A	N/A	0.8	N/A
터키	N/A	N/A	N/A	N/A	0.5	N/A
영국	1.4	2.1	1.7	2.1	2.6	190
(주택부조 포함)	1.8	3.0	2.6	3.2	3.9	212
미국	1.1	1.0	1.0	1.2	1.3	115

* 1980년을 100으로 했을 때 1992년의 수치.
출처: Social Assistance in OECD Countries, 1996, 埋橋孝文, 「公的扶助制度の国際比較—OECD24ヵ国のなかの日本の位置」(『海外社会保障研究』no.127., 1999)에 게재된 것.

〈도표 6〉 사회보장급부와 재정(대對국민소득비) 국제 비교 (1993년도)

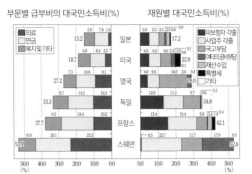

사회부조비는 '복지 및 기타' 항목에 포함됨.
출처: 勝又幸子,「社会保障給付費の国際比較データの見方と分析」(『海外社会保障研究』 no.130., 2000).

노벨경제학상을 수상한 경제학자 스티글리츠Joseph E. Stiglitz는 미국을 예로 들며 재정적자를 복지 같은 사회부조 지출 탓으로 돌리는 것은 오해에 따른 주장이라고 지적하고 있는데, 일본의 사회부조 지출은 GDP 대비 미국보다도 낮다. 일본에서 재정 재건을 위해 복지 지출을 삭감하기로 마음먹었다고 가정해보자. 그것은 '오해'인가, 아니면 복지를 다른 예산지출을 은폐하기 위한 희생양으로 삼는 것에 불과한가.

물론 여기서 '오해'만 풀리면 곧바로 생활보호예산을 5배로 늘리는 것에 대한 정치적 합의를 얻을 수 있다고 말하려는 것은 아니다. 오해가 사실에 대한 올바른 이해는 아닐지라도, 오해가 커지는 데는 그 나름의 이유가 있다고 생각한다.

이는 생활보호라는 제도가 갖는 특정한 성격에 따른 것이다. 그 특정한 성격은 잘 알려져 있지 않다. 이는 우리가 생활보호

제도를 당연시하고 있고 그것이 자연적인 것처럼 보이기 때문이다. 그리고 인구의 약 98%는 제도를 이용하지 않고 있는데, 그 제도 속에서 살아갈 수밖에 없다는 것이 어떤 것인지 상상하기 어렵기 때문이기도 하다.

생활보호가 갖는 특정한 성격을 쉽게 이해하려면, '공립 초·중·고·대학에는 저소득 세대의 자녀만 가야 하는' 사회를 상정해보라.

이 가상사회에서 공립학교는 세금으로 운영되기 때문에 자기 돈을 지불하는 사람은 사립 초·중·고·대학에 가게 된다. 세금을 효율적으로 사용한다는 측면에서는 일리 있는 접근일 수도 있다. 경제학에서 교육은 자신의 인적 자본에 대한 투자로 이해되고 있다. 이러한 공통의 이해가 형성되면, 개인이 이익을 얻는 것에 대해 해당 개인(만)이 지불하는 것은 일종의 도의로서 이치에 맞는 일이다.

이런 사회에서 A씨가 2명의 자녀를 공립학교에 보내고 있다고 하자. 남편과 사별한 후 충분한 수입이 없어 공립학교 통학이 인정되었다. 그런데 최근 둘째 딸이 이상해 보여 물으니, 근처 마트에서 누군가가 A씨 가족에 대해 험담하는 것을 본 듯하다. 'A씨한테 남자가 있어서 그 남자한테 보조를 받는 것 같던데, 그걸 숨기다니 영악해'라고 말이다.

한편 B씨는 직장이 도산하고 나서 세 가지 파트타임 일을 겸하며 어떻게든 가족의 생활을 유지하고 있다. 수면시간도 원하는 만큼 가질 수 없고 이러다 언젠가 쓰러질 것 같지만, 자녀를 대학에 보내려면 어쩔 수 없다. 그런데 '당신은 수입이 있으니 사립중학교로 보내라, 공립중학교에는 입학할 수 없다'는 말을 들었다. 딸을 대학에 보내겠다는 일념으로 일만 하며 어떻게든 버티고 있는데, 이렇게 되면 사립중학교 수업료로 수입은 전부 사라져버리고 만다……. 딸의 친구네 집인 C씨네는 아픈 건지 뭔지 모르겠지만 고상하게 살면서 아이는 공립학교에 보내고 있어서 영악하다는 생각이 든다.

D씨는 병이 악화되는 바람에 전 직장에서 퇴사했는데, 이후로 좀처럼 원하는 일을 찾지 못하고 있다. 수입도 끊겨서 아이를 이대로 사립초등학교에 보낼 여유가 없다. 그래서 사립초등학교에서 공립초등학교로 변경 신청을 하러 갔다. 그러나 담당자는 계속 일자리를 알아보라며 D씨를 매몰차게 돌려보냈다. 마땅한 일자리가 없어서 신청하러 갔던 건데……. 이러면 아들은 오도 가도 못하고 공중에 붕 뜨게 된다. 의무교육은 권리가 아니었던가…….

동일한 이유로, 음식물쓰레기 수거도 저소득자 이외의 사람들의 쓰레기는 수거하지 않기로 한다. 공립도서관도 마찬가지다. 돈이 있는 사람은 직접 책을 사야 한다. 선거도 똑같을 수 있다. 왜냐하면 선거 때 막대한 돈이 드는데 돈이 있는 사람은 스스로 입후보를 하거나 정당에 기부를 하는 등 투표 외에도 얼마든지 정치에 영향력을 행사할 수 있기 때문에, 이런 일을 할 수 없는 저소득자에게만 투표권을 인정해주자.

이런 사회에 살고 싶을까. 적어도 나는 싫다. 다행히도 지금 우리가 살고 있는 사회는, 교육·쓰레기 수거·도서관 같은 시민서비스와 선거가 이런 시스템처럼 되어 있지는 않다. 고등교육 외에도 현실에는 다양한 예외와 배제가 존재하지만, 적어도 머리로는 누구나가 이용 또는 참가할 수 있는 것으로 생각되어왔다.

그러나 생활보호에 한정해서 말해보면, 우리는 방금 살펴본 것과 같은 선별의 제도 속에 살고 있다. 그리고 많은 사람이 이를 당연한 것으로 생각하고 있다. 생활보호라는 제도가 갖는 특정한 성격이란 바로 이러한 선별성이다. 그것은 다른 시민서비스와 비교해보면 결코 당연한 일이 아니다. 오히려 (선별성이 아니라) 보편성이 지배적인 가운데 존재하는 특수성이라 할 수 있을 것이다. 1절(기본소득의 개요)에서 다뤘던 특징 (E)에 있는 현행 제도의 선별주의와 기본소득의 보편주의라는 대비는 이것과 상응한다.

정치적 실행 가능성

생활보호를 안전망으로서 기능하도록 만들려면, 예산을 현행의 5배로 늘려야 한다는 이야기로 돌아가보자. 이에 대한 지지를 얻지 못하는 이유는 무엇일까.

여기서 앞서 서술한 교육의 예를 떠올려보기 바란다. '일반가정'의 아이들은 사립 초·중학교에 가야 하며, 국공립 초·중학교에는 자산조사를 통해 필요하다고 인정받은 저소득세대의 아이들만 다닐 수 있다는 이야기 말이다.

이 가상사회에서 공립학교를 다니기 위한 자산조사는 생활보호 자산조사와 똑같이 진행되고 있다. 다시 말해, 기준상으로는 인구의 약 10%가 공립에 다녀야 하지만 실제로 자산조사를 통과하여 다니고 있는 것은 인구의 2% 정도인 상황이라고 가정해보자. 이런 상황에서 공립학교 예산 증액에 대한 정치적 지지가 모아질까? 매우 어려울 것이 분명하다. '어째서 우리는 간신히 사립학교에 보낼 수업료를 벌고 있는데 공짜[원서의 방점은 밑줄로 통일]로 교육받는 소수의 사람들을 위해 교육예산 조치를 취한단 말인가', 이런 의문이 분출될 것이다.

생활보호를 둘러싼 상황은 바로 이러한 난국에 빠져 있다. 복지국가의 이념(그것은 헌법 25조의 이념이기도 하다)을 충실하게 실현하고자 해도 또는 생활보호법을 법률대로 운용하고자 해도, 그 정치적 실행 가능성은 안타깝게도 지극히 낮다. 정당이 생활보호 수급자 확대를 선거공약으로 내거는 일을 상상할 수 있을까. (생활보호 문제로 열심히 노력하는 의원이 있을 것이라는 점은 부정할 수 없겠지만 그런 의원이 있는 정당이 보호 수급자 5배 증가를 선거공약으로 만들 수 없다면, 이 제도에 정치적 지지를 확보하기 힘든 근본적인 이유가 있다고 해야 할 것이다.)

한 번 더 교육의 예로 돌아가보자. 자산조사를 통해 빈곤자만 공립학교에 다닐 수 있는 공교육제도를 유지한 채 그 포착률을 100%에 가깝게 만드는 것(공교육 예산을 5배 늘리는 것)

은 어렵다 해도, 모든 사람이 공교육을 받을 수 있게끔 하는 제
안(지금 우리가 현실에서 경험하고 있는 제도)이 이루어진다면
어떨까? 이 제안이 예산 면에서는 더 비싸게 먹혀도 정치적 지
지를 얻기 수월하다는 것은 쉽게 상상이 간다. 현재 공교육에
대해서 (그리고 쓰레기 수거 등 앞에서 소개한 다른 제도들에
서도) 우리는 이러한 방향을 지지해오고 있다.

　다시 말해 누구에게나 최저한의 생활을 영위할 권리가 있다
고 한다면, 현재의 시스템 내에서 그것을 추구하는 것보다 기본
소득을 추진하는 것이 정치적 실행 가능성이 매우 높다고 말할
수 없을까.

노동복지와
기본소득

완전고용에서 노동복지로

　다른 나라들은 어떨까. 앞서 살펴보았듯, 공적
부조 포착률이 현저히 낮은 것이 일본의 현실이었다. 이를 뒤집
으면, 다른 선진국들의 경우 사회안전망이 일본보다 그런대로
잘 기능하고 있다고 말할 수 있다. 그러나 2절에서 살펴본 복지
국가 이념대로 추진되고 있는가 하고 물으면, 그렇지 않은 경우

가 많다. 복지국가 이념의 세 가지 기둥 중 첫 번째 기둥인 완전고용이 많은 나라에서 달성되지 못했다.

이런 와중에 미국과 영국은 재빨리 '노동복지(workfare)' 혹은 '복지에서 노동으로' 쪽으로 방향을 틀었다. 앞서 서술한 복지국가 이념 ①에 해당하는 완전고용의 달성은 노동시장 수요의 측면에 초점을 맞춘 것이었으나, 노동복지는 거꾸로 공급의 측면에 초점을 맞추어 노동자의 고용 가능성을 높임으로써 노동을 지원하고자 한다. 이런 의미에서 이제까지의 복지국가 이념에 중대한 변화가 일어났다고 말할 수 있다.

요컨대 이 노동복지가 갖고 있는 새로움은 노동에 대한 지원 자체에 있는 것이 아니다. 노동지원은 일본의 실업대책사업이나 1930년대 미국의 뉴딜정책처럼 예전부터 존재해왔다.

그것의 새로움은 소득보장의 축소(현실적인 축소 가능 여부와 별개로 적어도 그 의도만큼은 축소를 목표로 한다)와 노동지원이 짝을 이루고 있다는 점이다. 1969년 미국 닉슨 대통령이 "미국인들에게 지금 필요한 것은 더 많은 복지(welfare)가 아니라 더 많은 '노동복지(workfare)'이다"라고 한 발언이 상징하듯, 소득보장형 복지에 대한 공격과 짝을 이룬다. 이는 반드시 보수파만의 레토릭이 아니다. 1990년대에 민주당 빌 클린턴이 대통령선거에서 이겼을 때 그 슬로건 중 하나는 "우리가 알고 있는 복지는 끝내자"였다. 그리고 영국에서는 노동당 블레어 정권하에서 노동복지 정책의 도입이 진행되었다.(〈사진 2〉)

〈사진 2〉 블레어 정권의 노동복지 정책에 항의하는 장애인들(2006년).

　미국에서 노동복지를 더욱 진전시킨 것은 1996년에 성립된 '개인책임·노동기회조정법'이다. 미국에서 '복지'라고 하면 아동부양가정지원(Aid to Families with Dependent Children, AFDC)이라는 비혼부모세대를 위한 생활보호 같은 제도를 가리키는 것이었다. 이것이 빈곤가정일시지원(Temporary Assistance for Needy Families, TANF)이라고 불리는 제도로 바뀜에 따라[3] 복지에 대한 권리는 폐지되어버린다. 새로운 제도에서는 급부기간에 5년이라는 기한이 원칙으로 붙는다.

　이러한 트렌드에서 첫 번째 목표는 모자세대(母子世帶)이다. 정책입안자들에게 모자세대는 고령자·장애인·환자 같은 여타의 수급자에 비해 노동이 가능하다고 여겨지기 때문이다.

　마이클 무어Michael Moore의 영화 〈볼링 포 콜럼바인Bowling

3　이 두 제도와 변경된 경위에 대해서는 根岸毅宏, 『アメリカの福祉改革』(日本経済評論社, 2006)을 참조하라.

for Columbine)에서 여섯 살짜리 소년이 동년배 소녀를 총으로 쏴 죽인 사건이 다뤄지는데, 거기서 그 소년의 어머니가 이른 아침부터 장시간 버스를 타고 멀리 떨어져 있는 도시의 쇼핑몰로 일하러 나가는 장면이 인상적이다. 거기서 육아에 전념하는 것보다 몇 시간이 걸려서라도 먼 도시로 나가 단순노동에 종사하는 게 더 낫다는 사고방식을 발견할 수 있다. 그 영화 속에는 보수파 정치인조차도 이러한 노동복지 정책에 회의를 드러내는 장면이 나온다.

이러한 정책 동향에서 복지당국이 모자세대에 요구하는 것은 임금노동만이 아니다. 이전 미국법에는 결혼 장려, 혼외자녀 임신 예방, (부와 모로 이루어진) 2인가족 형성·유지 장려 등이 명기되어 있다. 20개가 넘는 주에서, 복지수급자가 새로 아이를 낳아도 그 아이의 몫에 해당하는 급부는 받을 수 없게 되어버렸다. 또한 비혼모 복지수급을 받는 조건으로 아이 아버지에 대한 양육비 징수가 엄격해지고 있다. 비혼모는 아이의 아버지가 누구인지를 당국에 신고해야 한다. 그리고 양육비를 지불하지 않는 아버지는 이름과 사진 등이 공개되어 추적을 당한다. 이러한 시스템이 가령 가정폭력의 피해자로 하여금 복지신청을 꿈도 꾸지 못하게 만드는 결과를 낳는다는 것은 상상하기 어렵지 않다(비혼모운동에 대해서는 제2장과 제6장 참조).

이처럼 마치 복지수급자를 벌하는 것 같은 방향성은 조금도 새로운 현상이 아니다. 앞서 서술한 것처럼 19세기 빅토리아 시대의 영국에서는 빈곤자를 고령자, 장애인 등 '구제받아 마땅한 빈민'과 노동할 수 있는 '구제받을 필요가 없는 빈민'으로 나누어 후자에게 노동규율을 철저하게 심어주는 방침을 취했다. 또한 '열등처우 원칙'이 주장되어 복지수급자는 일반시민보다 열등한 처우를 받아야 한다고 여겨졌다. 이와 같은 차별적인 대우는 제2차 세계대전 이후의 복지국가에서 극복의 대상으로 여겨졌다가 다시 회귀하고 있는데, 여기서 바로 이 노동복지라는 동향의 일면이 발견된다.

'동향의 일면'이라고 말했지만, '열등처우'를 실행하는 방법은 단순히 소득보장을 축소하는 것만이 아니다. 노동을 더욱 매력적으로 만드는 방법도 존재한다. 전자가 '채찍'이라면 후자는 '당근'이라고 말할 수 있을 것이다. 미국과 영국을 위시하여 몇몇 나라에서 노동을 조건으로 급부를 받는 제도가 도입되고 있다. 그것은 '급부형 세액공제'라는 제도이다. 여기에는 실은 부분적으로 기본소득이라 불릴 만한 측면이 있는데, 이러한 노동복지의 또 다른 측면에 대해서는 제5장에서 상세히 다루겠다.

여기서는 이념의 수준에서 완전고용을 철회하고 개인의 고용가능성에 초점을 맞추는, 노동복지의 존재방식의 문제점만을 지적하고자 한다. 상품이 팔릴지 안 팔릴지는 공급과 수요 모두에 달려 있다. 아무리 훌륭한 상품이라 해도 그것을 원하는 구매자가 없으면 팔 수 없다. 노동력이라는 상품도 마찬가지이다. 완전고용을 방기한 채 노동복지를 추구하는 것은 구매자를 확보하는 노력은 하지 않고 판매자만을 문제 삼는 셈이다. 풍년에 양배추밭을 갈아엎는 것을 떠올려보면 쉽게 이해할 수 있을 것이다.

프랑스와 독일의 예

완전고용이 더 이상 달성되지 못하는데도 현행의 사회안전망을 유지하면서 복지국가 이념에 특별히 눈에 띄는 변화가 없었던 나라들도 있다. 예컨대 1990년대 중반까지의 프랑스와 독일이 그렇다.

사회에 실업자가 늘어나면, 일본의 생활보호 같은 제도의 수급자 수는 증가할 수밖에 없다. 그런데 이는 제도가 상정하고 있는 범위 밖이기 때문에, 한편으로는 여론의 반발을 초래하고 다른 한편으로는 수급에 따른 차별과 수치심(낙인)이 커지는 경향이 있다.

이런 와중에 1990년대 프랑스에서 흥미로운 현상이 발생했다. 실업자 사이에서 기본소득을 요구하는 목소리가 높아졌던 것이다. 그리고 조스팽 정권(1997~2002년)하에서 기본소득 도입을 위한 논의가 활발히 이루어졌다. 그러나 실제로 제5장에서 다룰 급부형 세액공제는 도입되었으나 기본소득의 도입에는 이르지 못했다. 그 후 우파정권하에서 '최초고용계약'이라고 불리는 제도의 도입이 시도되었다. 이는 청년노동자의 권리를 소멸시킴으로써 고용의 증가를 꾀하는 것인데, 대규모 반대운동이 일어나 결국 실패했다.

독일도 1990년대 후반 이후 실업수당 감액 등 노동복지적 정책의 도입이 시도되기 시작했다. 여기서 노동복지'적'이라 함은, 미국과 영국의 노동복지가 개인의 고용가능성이라는 측면에 초점을 맞추고 그런 의미에서 복지국가의 완전고용이라는 이념을 철회한 데 반해 독일은 (적어도 레토릭의 수준에서는) 완전고용이라는 이념을 실현하고자 정책 도입을 꾀하고 있기 때문이다.

어쨌든 이는 실업자 등 소득보장을 받아온 사람들에게는 커다란 제도의 변화이며, 이에 대한 저항도 크게 일고 있다. 이러한 항의 속에서 최근 기본소득을 요구하는 목소리가 높아지고 있으며, 복지국가 이념을 여기서부터 변화시키고자 하는 '완전고용이 아니라 자유를'이라는 기본소득 요구 단체가 활동하고 있다. 그 외에도 대형 드럭스토어 체인의 소유주가 미디어를 통해 기본소득 추진을 위한 논의의 장을 열기도 하고, 다양한 단체와 개인이 모인 기본소득 청구인 네트워크도 출현하는 등 흥미로운 동향을 보이고 있다.

여기에는 최근 수년간 독일에서 노동복지적 동향이 현저해진 것에 대한 반발의 측면이 있는데, 그 대안이 현상유지가 아니라 기본소득이라는 점이 흥미롭다. (물론 현상유지를 주장하는 운동도 있다.) '완전고용이 아니라 자유를'은 지하철에 광고를 내는 등 흥미로운 활동을 펼치고 있으며, 네트워크에 참여하는 단체 중 몇몇은 독일 각지에서 시위를 벌이고 있다.(〈사진 3, 4〉) 1990년대 후반 이후 프랑스와 독일의 사례는 완전고용이 달성되지 않은 상황에서는 복지국가 이념의 현상유지라는 것이 어렵다는 점을 우리에게 가르쳐주고 있다.

〈사진 3〉'완전고용이 아니라 자유를'이라고 적힌 지하철 광고 포스터.

〈사진 4〉기본소득을 요구하는 시위. 2008년 독일 브레멘.

일본의 '도착倒錯'

　　일본 역시 노동복지로 방향을 틀기 시작했다. 여기서 그 흐름을 간단하게 되짚어보자. 우선 2000년 '홈리스 자립지원사업'이 시작된다. 2002년에는 홈리스 자립지원법에 근거를 두게 된다. 같은 해 '아동부양수당법'과 '모자·과부복지법'이 개정되어 모자가정 자립지원책이 도입된다. 2005년 '생활보호 수급자 등 노동지원사업'이 시작되고, 이듬해인 2006년 '장애인자립지원법'이 시행된다.

　최근 후생노동성 일대에서 유행하고 있는 이 '자립지원'이라는 말은 '노동촉진'으로 바꿀 수 있다. 이런 색채는 맨 처음 도입된 '홈리스자립지원사업'에서 짙게 묻어난다. 또한 생활보호 수급자에 대한 자립지원은 명백히 소득보장을 노동으로 치환하는 것을 염두에 두고 있다. '자립지원'은 말하자면 일본판 노동복지인 것이다. 후생노동성만이 아니다. 2006년 전국 지자체 장모임의 지식인위원회인 '새로운 안전망 검토회'가 생활보호 수급기한 도입을 요구하는 등, 미국의 동향을 뒤따르는 것이라 해도 좋을 움직임이 시작되고 있다.

　그러나 일본판 노동복지는 현재 두 가지 의미에서 본래의 노동복지와 다르다. 첫째로 영국과 미국의 노동복지는 소득보장 축소 및 보장조건 강화라는 '채찍'뿐만 아니라 급부형 세액공제 같은 '당근'도 포함하고 있는데, 일본에서는 그러한 당근이 전무하다. 둘째로 영국과 미국에서는 원래 노동 가능한 복지수급자를 노동시장에 복귀시키는 것을 염두에 두고 있다. 그러나 일본의 경우는 (앞서 서술한 대로) 노동 가능한 사람이 애초부터 복지에서 배제되어 있다. 예컨대 노동복지론자들의 주요 목표인 모자세대는, 일본의 경우 이미 그중 다수가 일을 하고 있다.(〈도표 7〉)

　그런데도 비혼부모세대의 빈곤율은 OECD 국가 중 가장 높은 축에 속한다. 보통 세금과 사회보장을 통한 재분배로 빈곤율이 감소한다. 아동빈곤율을 봐도 대부분의 나라가 그런데, 일본

〈도표 7〉 비혼모 취업률

〈도표 7〉 비혼모 취업률

(%)

	취업률
일본	83
스웨덴	70
노르웨이	61
미국	60
영국	41
아일랜드	23

출처: J. Bradshow·埋橋孝文,「ワンペアレ
ント·ファミリーに対する税·社会保障給
付パッケージ─20ヵ国国際比較を通して」
(『季刊　家計経済研究』第33号, 1997)

의 경우는 오히려 재분배 후 빈곤율이 높아지는 충격적인 데이
터도 있다.[4]

　자립지원이라는 말이 최초로 사용된 홈리스 자립지원의 경
우에도, 홈리스들이 생활보호 같은 복지에서 배제되고 있기 때
문에 길에서 생활할 수밖에 없는 것이다. 복지 등을 통해 국가
에 '의존'하고 있기 때문에 자립지원이라는 논리가 불완전하게
나마 (그 논리가 옳을지는 둘째 치고) 성립되는 것인데, 국가에
의존조차 할 수 없는 사람들에 대해서도 '자립지원'이라는 말이
주장되고 있는 꼴이다.

4　山野良一, 『子どもの最貧国·日本: 学力·心身·社会におよぶ諸影響』, 光文社新
書, 2008.

복지국가 이념 자체가 지닌 문제

마지막으로, 완전고용이 달성되더라도 남게 되는 복지국가의 문제점에 대해 이야기해보자. 앞서 서술한 복지수급과 관련된 낙인(수치심)은 이른바 완전고용이 달성된다 하더라도 없어지지 않는다. '구제받아 마땅하다'고 여겨져 납부금 없는 소득보장을 받아온 사람들(전형적인 예로 장애인들)은, 임금노동을 중심으로 하는 복지국가 시스템에서 항상 이러한 낙인을 떠안았다.

즉 낙인과 삶의 서열화는 복지국가 이념 자체에 내재하는 문제점이기도 하다. 임금노동에 종사하며 생활을 영위하는 사람들을 표준으로 삼아 고령자·장애인 등 노동이 불가능하다고 간주되는 사람들, 임금노동을 하고는 있지만 그것만으로는 생활을 해나갈 수 없는 사람들, 노동이 가능하다고 간주되는데도 임금노동에 종사하지 않는 사람들 순으로 서열화하는 장치가 복지국가에 내장되어 있는 것이다.

이렇게 말하면 다음과 같은 식으로 비판을 받을 것이다. 즉 '노동은 사람을 자유롭게 하는 것'이지 않느냐는 비판이다. 분명 다른 사람과 협동하거나 자연에 작용을 가함으로써 개인이 성장하는 경우도 있을 것이다. 그러나 노예노동이든 임금노동이든 가사노동이든 그 밖의 다른 형태의 노동이든, 노동을 타인에게 강제할 때 이 표어가 나오면 주의하는 것이 좋다. 아우슈비츠 강제수용소 문에도 적혀 있었던 '노동은 인간을 자유롭게 한다'는 말이 왜 그토록 즐겨 사용되는지 말이다.

그래도 다음과 같은 비판이 있을 수 있다. '누군가는 쌀농사를 지어야 한다.' 맞는 말이다. 그러나 이를 근거로 임금노동을 강제하는 것은 두 가지 점에서 무리가 있다.

첫째, 쌀이나 몇몇 식량은 분명 생산되어야 하지만 이를 근거로 임금노동이라는 특정 경제활동 범주를 일괄하여 정당화하는 것은 무리가 있다. '노동이 필요하다'는 논리는, 육아의 압박을 받는 비혼모(앞서 서술했듯이 일본의 경우는 이미 좋든 싫든 사실상 노동이 강제되고 있지만 서구의 많은 나라에는 복지급부로 어떻게든 생활을 해나갈 수 있는 사람이 많이 있다)에게 육아라는 노동을 타인에게 맡기고 임금노동을 해야 할 명분이 될 수 없다. 그리고 반대로, 불필요한 임금노동도 많이 존재할 것이다.(제5장 2절 기술혁신과 희소한 노동 참조)

투자 역시 필요한 경제활동인데, 그렇다면 모든 사람에게 투자를 강제해야 하는 것일까. 어떤 특정한 생산활동의 필요성에서 '임금노동' 일반의 필요성으로 비약하는 것은 이데올로기 작용 아닌가. 언제부터 우리는 마르크스의 융통성 없고 통찰력 얕은 제자가 되어버린 것일까.

둘째, '필요한 것은 강제되어야 하는가'라는 점이다. 누군가가 아이를 낳아야 한다. 아마도 그럴 것이다. 그러나 그렇다고 해서 섹스와 출산을 강제해서는 안 될 것이다. 이렇게 생각한다면, 임금노동에 대해서도 잠시 멈춰서 생각해보기 바란다.

＊＊＊

지금까지의 논의를 정리해보자. 복지국가의 세 가지 이념은 '의식이 족해야 예절을 안다'는 격언과 '일하지 않는 자 먹지도 말라'라는 격언을 섞어놓은 것과 같다. 의식이 족해야(생존권이 보장되어야) 예절을 알기 때문에(시민으로서 사회에 공헌할 수 있기 때문에) 모든 사람에게 최소한의 생활을 보장해야 한다.

그러나 이러한 보장시스템은 임금노동에 종사하는 사람을 우선시한다. 그리고 우리 중 다수는 '일하지 않는 자 먹지도 말라'는 금언을 체화하고 있다. 이는 오랜 역사를 갖고 있는 말이며 성경에도 똑같은 구절이 있다.(「데살로니가후서」 제3장 10절) 그러나 이 성경 구절과 우리가 체화하고 있는 금언의 차이는 '일하고 싶어도 일할 수 없는 사람'은 먹어도 된다는 점이다.

제2차 세계 대전 이후의 복지국가 시스템은 이 사고방식에 기초하여 설계되었다고 말할 수 있다. 즉 일을 하고 있는 사람은 임금에서 연금·건강보험·고용보험 등 사회보험 납부금을 내고 고령·질병·실업 등에 대해 보장을 받을 수 있다.

일을 하지 않는 사람의 경우, 일할 수 있는데도 일하지 않는 게으른 사람이나 일할 수 있는데도 할 수 없는 척하는 사람과 정말로 일을 할 수가 없는 사람을 구별하여 그들에게만 생활보호 등의 형태로 소득보장을 시행한다.

그러나 '일을 하지 않는 사람' 중에서 '일하고 싶어도 할 수 없는 사람'을 선별해내는 것은 그렇게 간단한 일이 아니었다.

복지국가 시스템은 그것이 가능하다는 전제하에 성립된다. 그러나 적어도 일본에서는 이 장에서 살펴본 대로 실패한 것 아닐까. 생활보호를 받지 못해 길에서 얼어 죽는 사람들과 저조한 포착률 데이터를 마주하면 실패라고 생각할 수밖에 없다.

모두가 사람의 생명은 소중한 것이라 말한다. 그렇다면 돈이 없어서 생명을 빼앗기는 일은 없어야 한다. 그러한 합의 위에 생존권이라는 개념과 복지국가라는 제도가 구축된 것이다. 그러나 실제로 일본형 복지국가가 한 것은, 생명에 서열을 부과하여 구별하고 열등한 생명을 폐기하는 일이었다. 다음 장에서는 이 서열화에 대해 새롭게 문제제기를 하는 움직임 속에서 기본소득이 어떻게 주장되었는지를 살펴보도록 하자.

- 생활보호는 안전망으로서 기능하고 있지 못하며, 5명 중 4명은 안전망이 꽉 차서 나가떨어진 상태이다.
- 생존권을 보장하기 위해서는 생활보호예산을 5배로 늘려야 하지만, 누구도 이에 대해서 말하지 않는다.
- 다른 나라들에서는 노동복지라고 불리는 정책이 도입되었는데, 이에 대한 대안으로서 기본소득이 논의되고 있다.
- 노동복지가 제공하는 '당근'에는 기본소득과 연결되어 있는 요소도 있다.
- 일본판 노동복지라 할 만한 '자립지원'이 도입되고 있는데, 현재로서는 잘되고 있지 않다.
- 복지국가 이념 자체에도 문제가 있다.

기본소득은 노동과 소득을 분리하는가

종종 제기되는 주장 중에 '기본소득은 노동과 소득(의 획득)을 분리한다'는 주장이 있다. 그런 다음 '그렇기 때문에 추진해야 한다'라는 주장으로 이어지는 경우도 있고, '그렇기 때문에 추진해서는 안 된다'라는 주장으로 이어지는 경우도 있다.

그런데 이 주장은 옳은 것일까?

이 주장이 의미를 가지려면, 기본소득 없는 현재 사회에 '노동을 하면 소득을 획득할 수 있다'는 상황이 성립되어 있어야 한다. 그런데 시장을 통하지 않고 행해지는 노동의 대부분은 현재 임금이 지불되지 않아 소득과 연결되어 있지 않다. 가사노동이 그 전형인데, 이러한 노동은 소득을 가져다주지 못한다. 어떤 사람이 몇 명의 아이를 키우려 해도 그리고 그것이 아무리 고된 노동이라 해도, 그 자체가 지불의 대상이 되는 경우는 거의 찾아볼 수 없다.

나아가 기본소득이 도입된다고 해서, 임금노동 등 지금까지

지불되어온 노동이 부불노동이 되는 것은 아니다.(제3장 칼럼 참조) 임금 액수가 지금보다 오를 수도 내릴 수도 있고 임금노동 형태를 띠지 않을 수도 있지만, 대부분은 계속 임금노동 형태를 띨 것이며 임금도 사라지지 않을 것이다. 이 두 가지 의미에서, '기본소득은 노동과 소득(의 획득)을 분리한다'는 주장은 이상하게 들린다.

이렇게 말하면, 기본소득이 노동과 '최소한의 생활에 필요한' 소득의 획득을 분리시킨다는 뜻이었다고 반론을 펼지도 모른다. 이는 더더욱 현실에 반하는 주장이다. 앞서 서술했듯 부불노동이 광범하게 존재하고 있으며, 한편에는 (워킹푸어라는 말로 대표되듯) 아무리 임금노동을 해도 먹고살 수 없는 사람이 많이 있고 다른 한편에는 유복한 집에 태어나 임금노동에 종사하지 않아도 먹고살 수 있는 사람이 있기 때문이다.

제2장

가사노동에 임금을!

여성들의 기본소득

'가사노동에 임금을!'이라는 슬로건을 들어본 적이
있는가.

1970년을 전후로 이탈리아에서 외쳤던 이 구호가 가
사를 노동으로 인식시키는 데 실마리가 되었고 다양
한 페미니즘운동 속 주장의 일부로서 존재했다는 것
은, 일각에는 잘 알려져 있는 사실이다. 다른 한편, 이
주장은 모든 사람에게 소득을 보장하는 기본소득의
주장과 연결되어 있었다. 사실 1960년대부터 1970
년대에 걸쳐 이탈리아뿐 아니라 세계 각지에서 기본
소득이 요구되고 있었다. 그러면 그것은 실제로 어떤
운동이었던 것일까. 1절(미국의 복지권운동)에서는
미국, 2절(이탈리아의 '여성들의 투쟁'과 아우토노미
아운동)에서는 이탈리아, 3절(영국의 청구인조합운
동)에서는 영국의 운동을 살펴보도록 하자.

사회보험과 생활보호로 이루어진 현재의 복지시스
템(보험·보호 모델)이 하나의 제도이듯, 기본소득
역시 이를 대신하는 하나의 제도이다. 보험·보호 모
델이라고 입을 모아 말해도, 스웨덴처럼 제도적인 재
분배가 충실한 나라도 있는가 하면 미국이나 일본처
럼 시장과 가족을 겨우 보완하는 정도에 불과한 나
라도 있다. 그 차이는 [실로] 크다.

마찬가지로, 설령 기본소득을 중심으로 한 제도 설계
를 진행한다 해도 제도의 실제 모습에 대해서는 여

러 가지 것을 생각할 수 있다. 이번 제2장에서는 어떤 사람들이 어떤 운동 속에서 어떻게 기본소득을 주장해왔는지를 살펴봄으로써, 그리 멀지 않은 과거에 사회적으로 기본소득이 크게 다뤄졌을 때 거기에 담겨 있었던 의미를 이해해보자.

1960년대부터 1970년까지 기본소득은 다양한 명칭으로 불렸다. 예컨대 모든 사람에게 보장된 소득이라는 의미에서 **보장소득**이라고 불리기도 했다. 혹은 임금노동이라는 형태로 좁은 의미의 경제활동에는 종사하고 있지 않아도 사회적인 의미에서 노동에 종사 ― 여성들은 가사노동을 수행하고 있고 실업자 역시 경기의 조절밸브라는 사회적 역할을 맡고 있듯이 ― 하고 있어, 그 대가로 기본소득을 보장받는다는 이유에서 **사회적 임금** 또는 **보장임금**이라 불리기도 했다.

물론 기본소득이라고 불리기도 했다. 이 경우 '기본(basic)'이라는 단어에는, (1) 사람들의 기본적인 필요를 충족시키기 충분하다는 의미와 (2) 그것이 기본인권의 불가결한 요소라는 두 가지 의미가 담겨 있었다. 다만 두 가지 의미 모두, 현대 논의에서 정치화精緻化된 것보다는 광범하고 애매하게 이야기되었다. 급부에 있어서는 복지 케이스워커의 자의적인 심사를 거절하며 무조건성을 주장했지만, 부자에게도 나눠줄 것인지 여부는 확실하지 않은 경우도 있었다. 또한 많은 경우 개인단위를 주장했지만 그렇지 않은 논의도 존재했다. 제2장에서는 이러한 애매함과 혼동까지 모두 포함하여 기본소득으로 언급하겠다.

미국의
복지권 운동

여성들의 생활임금

이 책의 서두에 기술했듯이, 1968년 4월 킹 목사는 기본소득을 요구하는 운동을 조직하던 중 흉탄에 쓰러졌다. 킹 목사는 기본소득 요구에 대해, 흑인 비혼모들을 중심으로 한 운동으로부터 많은 것을 배웠다. 킹 목사를 칭송하는 목소리는 40년이 지난 지금도 그칠 줄 모르지만, 그가 기본소득을 주장했다는 사실과 흑인 비혼모들의 운동은 거의 잊혀가고 있다.

여기서는 먼저 그녀들의 운동이 어떤 운동이었는지를 소개하고, 기본소득 요구는 어떤 것이었는지 확인해보자.

1966년 6월, '충실한 복지'를 요구하며 오하이오주를 10일에 걸쳐 행진했던 수십 명의 사람이 있었다. 그중 대다수가 여성과 아이였다. 그녀들을 '거지'라 욕하고 '일을 해, 일을 해, 일을 해'라며 야유 섞인 구호를 외치는 사람들도 있었다. 하지만 다른 한편에는 수백 명의 동지가 그녀들을 따뜻하게 맞이했다.

이 광경은 '복지권운동'이라는 것이 각지에서 동시다발적으로 탄생을 알렸던 무렵의 한 장면이다. 이 운동은 1960년대 후반 큰 확장을 보인다. 각 지역에서 당시의 공적부조 제도인 아동부양가정지원(제1장 참조) 수급자를 중심으로 하여 케이스워커의 자의적인 심사와 불쾌한 언행 등에 항의하는 동시에, 보다 충실한 복지제도를 요구했다. 오하이오 행진이 있었던 1966년에는 '전국복지권단체(National Welfare Right Organization, NWRO)'[1]라는 전국 조직이 탄생한다.

아래는 이 운동의 분위기를 잘 전달해주는 글을 발췌하여 번역한 것이다.

나는 여성. 흑인 여성. 가난한 여성. 뚱뚱한 여성. 중년 여성. 그리고 복지[보조비]로 생활하고 있다.

---

1 이 단체에 관한 자세한 내용은 Premilla Nadasen, *Welfare Warriors: The Welfare Rights Movement in the United States*(Routledge, 2005); Felicia Kornbluh, *The Battle for Welfare Rights: Politics and Poverty in Modern America*(University of Pennsylvania Press, 2007) 등을 참조하라. 이 절에 서술된 내용 역시 많은 부분 이 문헌을 따랐다.

이 나라에서는 당신이 이 중 어느 것이든 해당되면, 인간 이 하로밖에 헤아려지지 않는다. 만일 전부 해당된다면, 당신은 전혀 헤아려지지 않는다. 통계를 제외하고는.

나는 통계.

나는 45세. 6명의 아이를 키웠다. (중략)

복지[보조비] 수급은 교통사고 같은 것. 누구에게든 일어날 수 있다. 하지만 특히 여성에게 [일어난다]. (중략)

실상을 말하겠다. 아동부양가정지원(AFDC)이란 마치 초 (超)성차별주의적 결혼. 당신은 한 남자(a man) 대신 '남자(the man)'를 손에 넣는다. 그 남자가 당신을 함부로 대해도 당신은 그 남자와 이혼할 수 없다. 그 남자는 당신과 이혼할 수 있다. 물론. 자신이 원할 때 언제라도. 하지만 그럴 경우 그 남자가 아이를 데려간다. 당신이 아니라.

'남자'는 모든 것을 지배한다. 보통의 결혼에서는, 섹스는 남편을 위한 것. 아동부양가정지원에서는, 당신은 누구와도 섹스하면 안 된다. 당신의 몸을 통제하는 것을 포기하지 않으면 안 된다. 그것이 지원의 조건. 복지[보조비] 수급에서 제외되지 않기 위해 불임수술까지 동의해야 하는 경우도 있다.

'남자', 즉 복지시스템은 당신의 돈을 통제한다. 무엇을 사야 하는지, 무엇을 사면 안 되는지, 어디서 사야 하는지, 그리고 돈이 얼마나 들지, 모두 그 남자가 당신에게 알려준다. 혹여 가격이, 예컨대 집세가 '남자'가 말한 것보다 더 높으면, 그냥 별수 없는 일이 일어난 것일 뿐이다. (중략)

복지[보조비] 수급에도 좋은 점이 하나 있다. 그것은 당신에 대한 그리고 이 사회에 대한 환상을 깨부순다. …… 당신은 싸우는 법을 배워야 한다. …… 복지[보조비] 수급자로 살아남을 수 있다면, 당신은 어떤 고난에도 살아남을 수 있다. 이는 어떤 자유를, 다시 말해 당신의 힘과 당신이 다른 여성들과 함께 있다는 감각을 당신에게 부여한다. (중략)

[우리는] 다른 복지[보조비] 수급자들과 함께 운동을 해왔다. 그래서 우리는 목소리를 낼 수 있다. 우리 단체는 '전국복지권단체'라 불린다. 우리는 우리만의 복지플랜으로서 '충분한 보장소득'을 다 함께 내걸었다. 이 충분한 보장소득이라면 복지[보조비] 수급에서 성차별을 제거해낼 수 있다.

여기에는 남자, 여자, 아이, 독신자, 기혼자, 자녀가 있는 사람, 자녀가 없는 사람 같은 '분류'가 존재하지 않는다. 그저 지원을 필요로 하는 가난한 사람들이 있을 뿐. 필요와 가족 규모만 고려하여 지원이 이루어진다. ……

내가 대통령이라면, …… 여성에게 생활임금을 지급할 것이다. 우리가 이미 하고 있는 일 ― 육아와 가사 ― 에 대한 보수로서.

조니 틸먼, 「복지는 여성문제」, 1972, 발췌

이는 1972년 봄 페미니즘 잡지 『미즈 매거진 *Ms. Magazine*』 창간준비호에, 같은 해 전국복지권단체 사무국장으로 선출된 조니 틸먼 Johnnie Tillmon, 〈사진 5〉이 기고한 글이다.

아동부양가정지원 수급자들도 그리고 전국복지권단체에 모인 사람들도 대부분 흑인 여성들이었다.

〈사진 5〉조니 틸먼. 　〈사진 6〉전국복지권단체 가입을 독려하는 포스터. 학교무상급식과 임금보조 등과 함께 보장소득을 요구하고 있다. 출처: Kornbluh(2007).

이 글에서 '충분한 보장소득(Guaranteed Adequate Income, GAI)'으로 언급되고 있는 것이 바로 기본소득이다. 또한 그것은 여성들이 이미 수행하고 있는 노동에 대한 제대로 된 지불, 즉 생활임금이기도 했다. 그녀들은 대다수가 홀로 아이를 키우고 있었다. 여기서 간과해서는 안 될 것은, 그렇다고 해서 그녀들이 '육아와 가사를 조건으로 지급하라'고 요구한 것은 아니었다는 점이다. 오히려 그러한 심사와 케이스워커의 개입을 단호히 거부하고 있는 것이다.

전국복지권단체에 결집한 각 지역 복지권 단체들은, 이미 복지[보조비]를 수급하고 있는 사람들에 대한 자의적이고 부당한 언행 등에 항의하는 것은 물론 복지[보조비] 수급에 적격임에도 지금껏 신청을 하지 않았던 사람들에게 신청을 권하는 일도 했다. 동시에, 실제로는 많은 사람이 빈곤에 허덕이고 있는데도 소수의 사람만 대상자로 상정하고 있는 복지제도의 모순을 행정당국이 직시하게 만들었고 사람들의 주의를 환기시켰다.

여기서 먼저 어떤 대안을 구상할 것인지에 대한 다양한 의견이 있었던 것 같다. 틸먼의 글에 담겨 있는 기본소득 같은 방향성에 대한 논의는 1966년 발족 당시부터 존재했었는데, 그것이 다른 방향성보다 월등히 우세해진 것은 1968년 무렵이었던 것으로 전해진다.

킹 목사와 전국복지권단체

마찬가지로 킹 목사도 1966년 무렵부터 기본소득을 주장하기 시작했다. 1967년 출판되어 결국 그의 유작이 된 책에는 다음과 같은 내용이 들어 있다.

내가 여기서 고찰하고자 하는 일반적인 계획은 단 한 가지이다. 그것[보장소득]은 이 나라 안에서 빈곤 철폐를 다루기 때문에, 그리고 필연적으로 국제적인 규모의 빈곤에 대한 나의 최종적인 논의를 도출하기 때문이다. (중략)

나는 지금, 가장 단순한 방법이 가장 효과를 거둘 것이라 확신한다. 빈곤 해결은 현재 널리 논의되고 있는 방법, 즉 보장소득이

라는 방법으로 직접 빈곤을 폐지하는 것이라고 말이다. (중략)

보장소득이 변함없이 진보적인 것으로서 활용되게 만들려면, 다음 두 가지 조건을 충족해야 한다.

첫째로, 보장소득은 최저 수준이 아니라 사회 중간 수준에 맞춰 정해져야 한다. …… 둘째로, 보장소득은 …… 사회 총수입이 증대되면 자동적으로 증가해야 한다. ……

이 제안은 현재 통상적으로 사용되는 의미에서의 '공민권' 계획이 아니다. 보장소득 계획에 따르면, 전체 빈곤자의 2/3를 차지하고 있는 백인에게도 이익을 가져다준다. 나는 흑인과 백인 양쪽이 이 변화를 수행하기 위해 연대하여 행동하기를 바란다. 실제적인 문제로서 우리가 예측해야 할 맹렬한 반대를 극복하기 위해서는, 흑인과 백인의 결합된 힘이 필요하기 때문이다.

마틴 루서 킹, 『우리는 여기서 어디로 갈 것인가: 혼돈인가 공동체인가?』, 1967년

전국복지권단체 초기 지도자였던 조지 와일리George Wiley는 1966년 10월, 각지에서 실제로 기본소득을 주장하고 있는 복지권운동의 목소리에 귀를 기울여야 한다는 내용의 편지를 킹 목사에게 보낸다. 1968년 킹 목사는 '빈자들의 캠페인'을 조직하여 전국복지권단체에도 협력을 요청한다.

이에 전국복지권단체 여성 지도자들은, 실제로 자신들의 집회에 킹 목사가 와서 비혼모들의 목소리를 경청하는 것이 조건이라고 답한다. 그리고 같은 해 2월, 시카고에서 열린 그녀들의 집회에 킹 목사가 참석하게 된다. 킹 목사는 집회에서 나오

는 질문에 거의 대답을 하지 못했는데, 복지의 실상에 대해 거의 알지 못했던 것이 분명했다. 틸먼은 '킹 목사님, 모르면 모른다고 말하셔야 합니다'라고 말했다. 이에 킹 목사는 '틸먼 씨 맞습니다, 복지에 대해 모릅니다. 배우러 왔습니다'라고 답했다고 한다.

4월에 미국 전국 각지를 출발하여 6월에 워싱턴으로 집결하는 계획이었던 '빈자들의 행진'은, 이렇게 킹 목사를 중심으로 전국복지권단체의 협력을 얻어 준비되고 있었다. 3월 말에는 킹 목사가 뉴욕에서 전국복지권단체 여성 지도자들을 만난다. 그러다 불과 며칠 후인 4월 4일 남부 멤피스에서 흉탄에 쓰러진다.

기본소득 요구를 기치로 내걸고 흑인과 다른 소수민족 그리고 백인 빈곤층이 손을 잡는 것, 이것이 바로 체제가 두려워하는 부분이었던 것일까.

킹 목사의 계획으로 행진이 시작되는 날이었던 4월 22일, 틸먼을 위시하여 전국복지권단체 활동가들도 체포된다. 게다가 2개월 후 유지를 받들 사람들을 모으는 부름에 10만 명이 화답한 워싱턴 집회는 비상사태 선언을 통해 진압당하게 된다. '나에게는 꿈이 있습니다'라는 말이 힘차게 반복되는 킹 목사의 연설로 유명한 1963년 워싱턴 대행진이 이듬해인 1964년 공민권법으로 결실을 맺었지만, '빈자들의 행진'에서 기본소득 도입으로 나아가는 킹 목사의 꿈은 이렇게 무참히 깨지고 말았다.

그렇지만 틸먼과 동지들은 킹 목사의 암살과 자신들에게 가해진 부당한 체포를 이겨내고 운동을 계속해나간다. 전국복지권단체는 1975년까지 활동을 이어나가는데, 그 과정에서 복지시스템과 그 운용에 뿌리박혀 있는 인종차별 및 성차별을 백일하에 드러냈다.

〈사진 7〉킹 목사 암살 후 어머니날에 열린 킹
목사 부인과 복지[보조비] 수급 엄마들의 항의
시위 포스터. 출처: Kornbluh(2007).

또한 앞서 소개한 틸먼의 글에 있었던, 생필품 등의 가격이 복지당국이 상정하고 있는 물가보다 높은 경우가 있었고 이런 경우 그 물품들을 입수할 수 없었다는 서술을 기억하는가. 생필품 및 내구소비재 구입비용은 대형마트 판매가격에 기초하여 고려되었는데, 대형마트 신용카드는 당시 흑인 여성들은 이용할 수 없는 것이었다. 이러한 상황에서 그녀들은 자신들에게 신용카드를 발급할 것을 마트에 요구하는 등 복지당국과의 교섭을 뛰어넘어 사회 속에 존재하는 다양한 장벽을 가시화하고 그

해소를 요구했다.

　같은 시기에 흑인 지역사회에서 '생존 프로그램'이라는 이름으로 무료의료상담과 무료식량배급 등을 실천한 블랙팬서당(黨)이 '완전고용 또는 보장소득을 모든 개인에게'라는 요구를 그 10개조 강령 중 하나로 내거는 등(〈사진 8〉), 기본소득에 대한 주장은 이 시기의 사회운동 속에서 확대되고 있었다. 사실 그 강령이 1966년 처음으로 발표되었을 때에는 '완전고용 또는 보장소득을 모든 남성에게'였으나, 1972년 '모든 개인에게'로 수정되었다. 동일한 운동조직 내에서, 당초 일자리나 소득의 보장이 남성을 중심으로 한 세대단위로 사고되던 것에서 개인단위로 변화한 것이다. 여기서도 여성들의 투쟁이 미친 영향을 발견할 수 있겠다.

〈사진 8〉블랙팬서당의 10개조 강령. 1969년 인쇄. 이 시점에는 아직 '모든 남성에게 보장소득을'에 머물러 있다. 출처: Durant(2007).

이탈리아의 '여성들의 투쟁'과
아우토노미아운동

이탈리아의 '뜨거운 가을'

앞서 다룬 미국의 움직임을 주시한 인물 중에는 이탈리아의 페미니스트 마리아로사 달라 코스타Mariarosa Dalla Costa가 있었다. 그녀가 이 동향을 어떻게 이론화하려 했는가는 다음 장에서 살펴보기로 하고, 여기서는 이탈리아 여성들의 운동 '로타 페미니스타Lotta Feminista', ('페미니스트들의 투쟁'을 뜻하는 이탈리아어)와 아우토노미아Autonomia라는 운동이 이탈리아에서 어떤 요구를 내걸었는지부터 따라가보기로 하자.

이탈리아의 1969년은 '뜨거운 가을'로 기억되고 있다. 550만 명의 노동자가 파업을 했고, 1만 3천 명이 체포되었으며 3만 5천 명이 해고되었다. 파업으로 인한 손실노동시간은 1968년 프랑스 총파업, 1926년 영국 총파업에 이어 사상 3번째로 컸다고 전해진다. 운동이 고양된 계기는 1968년 봄에 있었던 연금문제 관련 시위였다. 그 후 수년간, 1969년 가을(이탈리아에서 가을은 임금을 둘러싼 노사교섭의 시기이다)을 정점으로 하여 공장과 길거리에서 다양한 투쟁이 전개된다.

그중에서도 유명한 것이 바로 토리노의 피아트자동차 공장 점거이다. 공장에서 일하는 많은 노동자들은 이탈리아 남부에서 이주해온 사람들이었지만, 공장 밖의 학생과 시민이 그들의 운동에 참여했다. 또한 피아트가 있는 토리노뿐 아니라 밀라노와 베네치아 근교 공장지대에서 시위·파업·생산감축(減産)·태업·점거 등 다양한 형태를 띤 투쟁들이 생겨났는데, 이는 기존의 노동조합에 의지하지 않고 민주적인 열린 장에서 이루어진 논의의 결과였다.

이러한 게릴라 전술을 상징하는 것이 바로 '공장이 우리의 베트남이다'라는 당시의 슬로건이다. 거대한 군사력을 가진 미국에 게릴라 전술로 저항하는 베트남 민중이 세계인의 공감을 샀던 시대 상황을 반영하여 만들어진 문장이다. 종래의 노사교섭 틀을 넘어 '게릴라적'인 새로운 전술로 자본가에 대항하는 자신들을 베트남 민중에 오버랩시켰던 것이다.

직접적인 요구의 경우, 임금인상 같은 종래의 요구라도 평등한 인상, 성과임금에 대한 반대, 경영진의 자의적인 보너스 지급에 대한 거부 등 평등주의적 경향이 이전과는 사뭇 달랐다. 그리고 경영진의 경영권에 대한 거부 등, 지금까지 노동운동이 특별히 요구한 적 없었던 급진적인 요구를 차례차례 내놓게 된다. 또한 공장 안 노사관계에 머물지 않고 다양한 주제가 논의된다. 예컨대 대형 전기통신회사 시트-지멘스SIT-Siemens에서 일하는 여성들은 자신들이 1969년 4월에 만든 리플릿에서 아래와 같은 목소리를 내고 있다.

공장에서 8시간 노동을 한 후, 여성들은 집에서 일한다. 남편과 아이를 위한 빨래, 다림질, 바느질. 그러니까 여성들은 주부이자 엄마로서 거듭 착취당하고 있다. 진정한 일로 인정받지 못한 채.

밀라노의 시트-지멘스에서 파업이 일어났을 때, 사무직의 90%가 참가해 임금노동의 철폐를 내걸게 된다. 공장 문에는 '여기서 자유가 끝난다'라고 적혀 있었다고 한다. 자본주의사회가 선전하는 자유는 공장 앞에서 얼어붙고 만다. 즉 공장의 민주화는 임금노동과 양립할 수 없으므로 임금노동의 철폐에 도달해야 하는 것이다.

이 무렵은 이탈리아뿐만 아니라 각지에서 이의제기가 분출하던 시기였다. 아마도 가장 유명한 것은 프랑스 5월 혁명일 것이다. 그러나 이탈리아의 '뜨거운 가을'을 파리의 5월이나 다른 봉기와 구별시켜주는 것은, 운동이 대중적 규모로 지속되었다는 점이다. 이 때문에 이탈리아의 운동은 '지속되는 5월'로 불리기도 한다. 공장에서의 운동은 비교적 조기에 탄압당해 '정상화'되지만, 공장 밖에서 확대된 운동은 1970년대 후반까지 이어진다.

인플레이션에 대항하여 대중적으로 행해진 것이 바로 자율인하운동이다. 예를 들어 토리노가 포함된 피에몬테주에서는 15만 세대가 전기요금을 스스로 인하하여 납부했다. 이 운동이 공장 내 운동전술 중 하나인 생산감축 투쟁과 동일한 이름으로

불렸다는 점은 흥미롭다.[2]

　이탈리아 남부에서 북부로 온 이주노동자들의 빈집점거도 있었다. 이 점거운동은 주로 여성들이 담당했다고 한다. 한편 공장 밖에서의 운동은 1977년에도 또 한 번 정점을 맞는다. 이렇게 공장 안팎을 이어가며 진행된 운동은 아우토노미아운동이라 불렸다. 그(녀)들은 당시의 자본주의 단계에서 생산은 공장 안에 머물지 않고 사회 전체가 공장이 되었다고 인식했다.

　아우토노미아란 이탈리아어로 '자율'을 의미한다. 그들과 그녀들은 의회 내 정당이나 전통적인 노조의 통제를 따르지 않았으며, 또한 자신들의 요구를 경제문제에 한정하지 않고 운동 내부로부터 새로운 삶의 형태를 만들어나가고자 했다. 아우토노미아운동은 이미 일본에서 훌륭히 소개된 바 있으니 이 운동에 대한 개관은 관련 서적[3]에 맡기기로 하고, 아래에서는 기본소득과 직접 연결되어 있는 두 가지 요구를 소개하려 한다.

2　자율인하도 생산감축도 이탈리아어로는 모두 'autoriduzione'이다.

3　小倉利丸, 『支配の「経済学」』(れんが書房新社, 1985) 등. 나아가 이 절에 서술된 내용은 맺음말에서 언급할 이탈리아 친구들이 알려준 내용과 George Katsiaficas, *The Subversion of Politics: European Autonomous Social Movements and the Decolonization of Everyday Life*(Humanities Press, 1997); Robert Lumley, *States of Emergency: Cultures of Revolt in Italy from 1968 to 1978*(Verso, 1990) 등을 따르고 있다.

'학생임금'과 '사회적 임금'

우선은 '뜨거운 가을'에 앞서 일어났던 학생들의 움직임부터 살펴보자. 1967년 2월 피사에서 열린 대학 학장들의 회합에 항의하는 학생들이 모여 「피사 테제」를 발표하는데, 그 내용은 이렇다. 자본주의는 선진기술에 기초한 생산을 필요로 하며, 고등교육을 받은 학생은 그러한 생산을 담당할 미래의 노동자이다. 학생은 이제 특권적인 엘리트가 아니라 노동자계급의 일원이다. 따라서 요구해야 할 것은 '학생임금'이다. 일본의 경우 가령 방위대학교나 기상대학교에서 학생에게 급여를 지급하고 있는데, 말하자면 이 논리를 확장한 것과 같은 형태로 모든 고등교육에 임금을 지급할 것을 요구한 것이다.

이렇게 지금까지의 사회적 상식에 따르면 임금이 지급되지 않는 영역의 활동에도 임금을 지급해야 한다는 요구가 출현하는 가운데, 가사도 노동이라며 임금을 요구하는 움직임이 등장한다. 이탈리아 북부 도시 파도바의 여성들이 전개한 '여성들의 투쟁'(이후 '페미니스트들의 투쟁'이 됨)은 '가사노동에 임금을!'이라는 요구를 내걸기 시작한다. 그녀들이 1971년 7월에 발표한 강령 같은 선언문을 살펴보자.

> 가사노동은 자본주의사회 내부에 아직 존재하는 유일한 노예노동이다. (중략)
> 소위 '가정 내' 노동이 여성에게 '자연히' 귀속되는 속성이라는 사고방식을 우리 여성들은 거부한다. 그러므로 우리는 주부

에 대한 임금 지불 같은 목표를 거부한다. 반대로 확실히 말해 두겠다. 청소, 세탁, 다림질, 바느질, 요리, 아이 돌보기, 노인 및 환자 간호 등 여성들에 의해 지금까지 행해져온 이러한 모든 노동은 다른 노동과 동일한 노동이라고 말이다. 이는 남성도 여성도 똑같이 맡을 수 있으며, [반드시] **가정이라는 게토**에 결부될 필요는 없다.

또한 우리는 이러한 몇몇 문제(아이, 노인, 환자)를 **국가에 의한 게토**를 만들어 해결하려는 자본주의적 또는 개량주의적 시도도 거부한다. (중략)

우리 투쟁의 당면 목표는 아래와 같다.

(a) **모든 청소**는 남녀 누구든 하고 싶은 사람이 맡아야 한다. 그리고 그 일은 지자체나 국가로부터 보수를 받아야 한다. ……

(b) 남녀 모두 세탁과 다림질이 가능한 **완전무료 세탁서비스**가 있는 **사회센터**를 모든 지역에 만들 것.

(c) 먹고 싶은 사람은 누구든 무료로 먹을 수 있고 거기서 일하는 남녀가 (국가나 지자체로부터) 보수를 지급받는 지역식당을 만들 것. (중략)

여성들의 명확한 목표를 구체적으로 든 다음, 주부이자 임금노동자인 우리는 아래와 같은 사항을 요구하는 노동자계급 및 프롤레타리아트 전체의 투쟁에서 일익을 담당한다.

(a) 생산성 및 노동시간과 무관한 보장임금. (하략)

파도바 여성들의 투쟁, 『지역에서의 주부들의 투쟁을 위한 강령적 선언』, 1971

(고딕체는 원문, 밑줄은 저자)

여기서 '보장임금'이라고 불리는 것이 바로 기본소득이다. 직장에서의 '노동 거부'의 결과인 보장임금 요구는, 가정과 지역에서의 '부불재생산노동 거부'의 결과인 가사노동에 대한 임금 요구와 연결되어 있다. 해당 부분에 [밑줄로] 강조 표시를 해둔 것처럼, 그녀들은 애초부터 '주부의 일에 대한 지불'이 아님을 강조해왔다.

〈사진 9〉'가사노동에 임금을!' 캠페인의 1974년 세계 여성의 날 포스터.

그러나 애석하게도 이 점은 오해를 사는 경우가 많았다.[4] 여성을 도리어 가사에 구속시키게 된다는 페미니즘 내 논쟁에 '페미니스트들의 투쟁' 운동도 많은 노력을 할애하게 된다. 또한 노동자계급에 분열을 가져오는 이적행위라는 남성중심 운동의 비방도 있었다.

이러한 상황에서 '노동력의 재생산에 드는 비용이 지급되든

---

4 가령 이탈리아 페미니즘 사상을 영어로 개괄한 Paola Bono and Sandra Kemp, *Italian Feminist Thought: A Reader*(Blackwell, 1991)는 편리한 책이긴 하지만, 그녀들의 투쟁을 「가정에서의 여성— 주부에 대한 임금」이라는 챕터에 끼워 넣고 있다.

지 아니면 무료여야 한다'는 기본소득과 연결되는 요구나 '돌봄 관련 노동이나 돌봄을 받는 사람의 생활이 가정이나 시설(국가가 만든 게토)에 갇혀서는 안 되며 지역[사회]에 열려 있어야 한다'는 주장(강령에 오해의 여지가 없이 적혀 있다)은, 안타깝지만 널리 공감되었다고 말하기는 힘들다. 하지만 적어도 그녀들의 주장이 지금까지 노동으로 인식되지 않았던 가사노동을 노동으로 인식시키는 커다란 계기가 되었다는 점만큼은 틀림없다.

이렇게 공장 안팎의 운동이 연동되면서 '정치적 임금' 또는 '사회적 임금'으로 불리는 요구가 등장한다. 당초에는 그 의미가 직장 내 평등한 임금을 의미하는 것에 지나지 않는 경우도 있었으나, 공장 안팎의 운동들의 연쇄 속에서 차츰 오늘날 우리가 기본소득으로 알고 있는 모습이 되어간다. 예컨대 아우토노미아라는 운동은, '노동 거부'를 주장하면서 사회 자체가 공장이 되고 있다고 보고 임금노동 여부에 관계없이 '사회적 임금'을 지급해야 한다는 이론을 구축해나간다. 이러한 이론적 작업의 세부 내용은 다음 장에서 더 자세히 살펴보기로 하고, 이제는 영국으로 무대를 옮겨 당시의 운동을 좇아서 가보자.

영국의
청구인조합운동

여성들의 주장

청구인조합은 1968년부터 1969년에 걸쳐 버밍엄에서 최초로 형성되었다고 전해진다. 여기서 '청구인'이란 다양한 사회정책 및 복지서비스의 수급자·청구자로, 구체적으로는 노령연금 수급자, 장애인, 환자, 공적부조 수급자, 비혼부모, 실업자 등이다. 이후에 학생이 추가된다. 그때까지 이들은 공통의 이해관계를 갖고 있다고 생각되지 않았다. 그러나 국가의 사회정책 및 복지서비스와 관련하여 동일한 요구사항을 갖고 있다는 점에서 서로 네트워크를 이루고자 했는데, 그것이 바로 청구인조합이었다.

버밍엄에서는 '충분한 소득에 대한 권리'와 '복지이용자에 의해 관리되는 복지국가'를 슬로건으로 내걸었다. 1970년에는 런던과 브라이턴 등 다른 지역에서 생겨난 청구인조합까지 함께 모여 버밍엄에서 전국대회를 개최했고, 청구인조합 전국연맹이 형성된다. 그리고 「청구인헌장」으로서 다음의 4가지 요구를 내걸게 되었다.

1. 자산조사 없는 충분한 소득에 대한 만인의 권리.
2. 복지서비스를 이용하는 사람들이 그 서비스를 관리하는,

만인을 위한 자유로운 복지국가.

3. 기밀 없이 모든 정보에 접근할 권리.

4. 이른바 '자격 있는 사람'과 '자격 없는 사람' 간의 차별 철폐. [영어 원문 번역]

이 중 첫 번째 요구사항이 기본소득이라는 것은 말할 것도 없다. 청구인조합의 비혼모들은 자신들을 '지원받지 못하는 엄마들'이라 부르는데, 그녀들이 중심이 되어 만든 『지원받지 못하는 엄마들을 위한 핸드북』과 『여성과 사회보장』이라는 팸플릿(〈사진 10〉)에는 기본소득을 요구하는 이유가 상세히 적혀 있다. 그녀들은 기본소득을 보장소득이나 보장최저소득 등으로 부르며 다음과 같이 설명한다.

〈사진 10〉 『여성과 사회보장』이라는 제목의 청구인조합 팸플릿. 운동 초창기에 만든 비혼모를 위한 팸플릿을 가필·수정한 것으로, 1970년대 후반 런던의 여성들이 중심이 되어 작성했다고 한다. 출처: 당시 버밍엄 청구인조합 활동가의 소장 자료.

보장최저소득 제도하에서 사회구성원은 매주 자동적으로 자산조사 없이 소득을 받는다. 고용된 상태이든 아니든 동일한 액수를 받는다. 케이스워커는 급부를 기각하거나 감액하는 등의 권력을 더 이상 갖지 않는다. 이는 개인단위로 지급되며, 해당 개인의 고용이력, 혼인관계, 세대구성, 사회보험가입이력, 성관계, 기타 어떠한 가치판단도 영향을 줄 수 없다.

비혼모인 복지수급자에 대해 복지당국은 '동거규칙'이라 불리는 원칙을 적용했다. 이는 동거하고 있는 (또는 정기적으로 성관계를 갖고 있는) 남성이 있으면 급부를 중지한다는 규칙이다. 이로 인해 케이스워커나 당국에 고용된 사찰관(그녀들은 그들을 '섹스 스파이'라고 불렀다)의 감시와 모욕이 자행되었다. 그녀들은 바로 이러한 모욕으로부터 자유로워지기 위해 기본소득 같은 제도가 필요하다고 생각했던 것이다. 기본소득의 무조건성과 개인단위라는 특징이 어떤 맥락에서 형성된 것인지 잘 알 수 있는 대목이다.(《사진 11》)

또한 그녀들은 이러한 입장에서, 당시 영국을 포함한 서구 국가에 일반화되어 있던 아동수당을 높이 평가하고 있다. 왜냐하면 아동수당에는 자산조사도 성관계에 대한 감시도 존재하지 않기 때문이다. 그녀들은 아동수당을 아이를 대상으로 한 일종의 기본소득으로 여겼고, 아동수당의 대폭 증액에 앞서 기본소득을 구상했다.

〈사진 11〉 동거규칙에 반대하고 개인단위
기본소득을 요구하는 내용의 플래카드를 든
여성. 출처: 팸플릿 『여성과 사회보장』.

　또한 그녀들은 감시에 대한 거부감 때문에 '가사노동에 대한
임금'이 아니라 기본소득을 요구해야 한다고 생각했다. 이탈리
아의 '여성들의 투쟁'이 '가사노동에 임금을'이라고 말했을 때,
그것은 (앞서 서술한 대로) 임금노동 거부를 내건 운동 속에서
급진적으로 주장되어 사실상 기본소득에 대한 주장이 되었다.
그러나 이 슬로건이 널리 퍼지면서 성역할 분업 등을 긍정한
채 주부에 대한 보수처럼 해석되기 시작한다. 게다가 실제로 집
안일을 하고 있는지 여부를 심사해야 한다는 논의가 등장한다.
청구인조합 여성들은 그것이 새로운 감시를 낳는다고 생각했
다. 그녀들은 다음의 세 가지 이유를 들어 '가사노동에 대한 임
금이 아니라 기본소득을'이라고 결론짓는다.

(1) 감시의 억압적 성격이라는 문제.

(2) 성역할 분업을 긍정해버린다는 문제.

(3) 임금이라는 표현 자체가 임금노동을 긍정하고 있다는
문제.

이 중 임금노동을 어떻게 파악할 것인지와 관련해서는 동시
대 운동에 비판을 가하기도 했다. 주류파인 노동운동에서는 실
업문제에 대한 대응으로서 '일할 권리' 캠페인이 이루어지고 있
었다. 이에 대해 그녀들은 청구인 중에는 실업자뿐 아니라 장애
인·환자 등 일할 수 없는 사람들도 있기 때문에 '일할 권리'만
으로는 문제가 해결되지 않는다고, 그리고 그 캠페인이 말하는
'일한다'에는 임금노동만 들어 있고 가사노동 문제가 빠져 있다
고 비판한다. 그녀들의 팸플릿에는 남편이 '일할 권리' 시위에
간 사이 가사와 육아로 정신없는 아내를 그린 풍자화가 게재되
어 있다.(《사진 12》)

또한 청구인헌장의 두 번째 항목에 분명히 드러나 있듯이,
청구인조합은 기본소득과 동시에 주택 및 생활필수품의 무료
화도 요구하고 있었다. 기본소득 요구가 생활보호식의 급부와
관련된 현실 속 법적·절차적 분쟁을 둘러싼 싸움의 연장선상에
있었던 것처럼, 이 무료화 요구 또한 공영주택 임대료를 둘러싼
구체적인 요구 등의 연장선상에 있었다.

〈사진 12〉당시 노동운동 주류파의 '일할 권리' 운동이 가사노동 등의 문제를 무시하고 있다는 점을 비판하는 풍자화. 출처: 팸플릿 『여성과 사회보장』.

청구인이라는 정체성

그렇다면 이러한 요구를 내건 청구인조합은 대체 어떤 곳이었을까? 청구인조합에서 가장 중시되었던 것은 당사자 간의 논의에서 출발한다는 원칙이다. 왜냐하면 그(녀)들은 자기 스스로 표명할 필요성을 당국에 의해 부정당해왔기 때문이다. 또한 모든 청구인이 참여하는 회의를 매주 갖는데, 이 회의에서는 전문가에 의한 '케이스워크'가 존재하지 않는다는 것이 강조되고 있다. 중심이 되는 활동은 조합원들에게 가해진 당국의 불쾌한 언행에 항의하거나, 부당하게 각하된 신청에 대해 이의를 제기하는 등의 일이었다. 그리고 종래의 운동이 '고용'을 목표로 삼았던 데 반해, 이 운동은 '청구인'으로서 존엄한 삶을 영위하는 것을 목표로 한다. 그 방책 중 하나가 바로 기본소득인 것이다.

이러한 청구인조합은 각지에서 자연발생적으로 생겨났고,

전성기에는 120여 개가 있었던 것으로 전해진다. 앞서 다루었듯이, 조합들은 '청구인조합 전국연맹'이라는 전국 조직을 구성했다. 그러나 그것은 단순한 네트워크일 뿐이며, 연 4회 대회를 열긴 했지만 조합원의 자율성을 해치지 않았다고 한다. 그(녀)들 자신이 비판하는 당국과 기존 운동단체의 닮은꼴이 되는 것을 거부한 것이다.

그러나 입에 겨우 풀칠을 하는 청구인들의 모임이었기 때문에 (지역 활동은 차치하고) 전국 수준의 활동에 여러 가지 어려움이 있었다. 버밍엄의 당시 조합원들에 대해 내가 들은 바에 따르면, 회의에 출석하기 위해 히치하이킹으로 이동하는 등 비혼모들에게는 위험이 따르는 행동을 했다고 한다.

그런데 '청구인'이라는 정체성은 자명한 것이 아니었기 때문에, 그(녀)들이 정체성을 형성하고자 했던 것을 당시의 출판물에서 읽어낼 수 있다. 예컨대 1974년경 노령연금 수급자를 대상으로 한 팸플릿의 서두에는, '여러분'이나 '그(녀)들'이 아니라, '우리'라는 말을 사용하는 것에 대해 주의를 당부하는 말이 적혀 있는데, '우리'란 노령연금 수급자만이 아니라 앞에서 다룬 다양한 집단으로 이루어진 '청구인'이라는 것이 기록되어 있다. 그리고 '우리'라는 용어법이 당국이라는 공통의 적에 맞서는 모든 청구인의 연대와 단결의 정신을 보여준다는 것을 강조하고 있다.

버밍엄에서는 운동 초기부터 기본소득을 요구했다. 런던 등 지식인층이 많은 지역의 조합에서도 그랬던 것으로 보인다. 이런 지역들에서는 대졸자나 대학중퇴자를 조합원으로 들였는데, 여기서는 지방대학도 없는 소도시의 조합에 있었던 기본소득 관련 에피소드를 소개하겠다.

그것은 뉴턴애벗이라는 영국 남서부 도시에서 1971년경 결성되어 1975년 무렵 자연스럽게 사라진 조합이다. 이 조합은 몇 가지 점에서 전형적인 청구인조합과는 다르다. 먼저 당시 많은 조합들이 중산계급 출신자가 그런대로 포함되어 있었던 데 반해 이 도시에는 대학이 없기도 했고 그런 계층의 당사자가 거의 포함되어 있지 않았다는 점, 다음으로 전성기에는 400명이 넘는 규모를 자랑했다는 점, 그리고 가정 텃밭 등을 운영함으로써 임금노동 비판만 한 것이 아니라 다른 형태의 일을 모색했다는 점 등이다.

운동 초창기 어느 날, 일주일에 한 번씩 열리는 회의에서 '모든 사람에게 자산조사 없이 소득을'이라는 다른 청구인조합의 주장에 대해 논의하게 되었다. 이 주장에 대해 사전에 이야기를 나누었던 핵심 활동가 몇몇은 당초 회의적이었지만, 이야기가 끝나갈 무렵 자신들의 운동에 필요한 주장이라고 생각하게 되었다. 그러나 이 주장이 구성원들에게 받아들여질지는 확실히 예측할 수 없었다. 그런데 실제 회의에서는 압도적인 공감과 지지를 받았다고 한다.

몇 년 전 당시 활동했던 구성원들(남편이 환자여서 조합에 가입한 여성이나 산업재해로 부상을 입어 실업자로서 조합에 가입한 남성 등)과의 인터뷰에서 그 주장을 지지한 이유를 물었을 때, 그들은 환자·장애인·실업자라는 이유만으로 (즉 고용에 접근할 수 없다는 이유만으로) 인간으로서의 삶을 빼앗겨서는 안 된다는 강한 신념을 거듭 밝혔다.

청구인조합이 기본소득을 주장할 수 있었던 가장 큰 이유로는 뭐니 뭐니 해도 구성원들이 임금노동으로부터의 배제라는 공통점을 갖고 있었다는 점, 그런데 임금노동에 종사할 가능성은 제각각이었다는 점을 들 수 있다. 그 때문에 종래의 노동조합의 반실업운동처럼 고용으로의 복귀를 목표로 삼지도 사회정책 개별영역에서의 급부(의 개선)를 최종 목표로 삼지도 않았고, '보편적인' 기본소득을 요구하게 되었다고 할 수 있을 것이다.

그들에게 있어 사회적 분할선은 자본가와 노동자 사이에(만) 있는 것이 아니라, 자본가·노동자와 청구인 사이에(도) 있는 것이다. 노동자가 자본가가 되어야 하는 것이 아니듯, 청구인이 노동자가 되어야 하는 것도 아니다. 나아가 그러한 요구를 가능하게 한 배경으로 다음과 같은 점을 들 수 있다.

예컨대, 공적부조나 사회수당 등 국가로부터 현금 급부를 수급하는 인구가 다른 복지국가에 비해 비교적 많았다는 점이나 1960년대 말에서 1970년대 초의 분위기 등이 있다. 영국 북부의 항구도시 사우스실즈에서 1970년대에 활동한 잭 그래스비 (Jack Grassby)에 따르면, 케이스워커나 기존의 NPO 지원상담 등으로 개인화·객체화되는 상황에서 벗어나 자신들의 실존을 건 능동적인 활동을 펼치려는 열기가 있었다고 한다.

물론 위와 같은 공통의 이해관계, 바꿔 말해 '청구인'으로서의 집합성이 늘 안정적인 것만은 아니었다는 사실은 운동 이후를 보면 명확히 알 수 있다. 뉴턴애벗의 경우, 1975년 무렵 비교적 젊은 단기실업자들이 고용에 복귀함에 따라 적극적으로 활동하던 조합원을 많이 잃게 되었고 자연스럽게 소멸로 향하게 된다. 실제로 많은 수의 조합이 1970년대 중반에서 1980년대 사이에 소멸했다.

게다가 기본소득에 대한 요구도 어느새 사라져버렸지만, 그래도 현재까지 활동하고 있는 단체도 있고 새롭게 형성된 청구인단체도 있다. 또한 당시의 몇몇 조합은 지역의 복지권 옹호단체로 변신하여 지금도 활동을 계속하고 있다. 조합에서 활동했던 여성 중에는 가정폭력 피해자지원 NPO를 설립하거나 지방의회 의원이 되는 등 다채로운 활동을 이어나가는 사람들도 있다.

***

이탈리아의 운동은 '가사노동에 임금을'이라고 주장하는 동시에, 가사를 여성의 일로 간주하는 성역할 분업도 변화시키고자 했다. 이와 달리 영국의 운동은 여성들이 가사나 육아를 담당하고 있는데도 충분한 소득이 없는 것을 부당한 것으로 여기면서도, '가사노동에 임금을'이라는 주장이 성역할 분업이나 임금노동의 현 상태를 긍정하게 될 위험이 있다고 판단해 그런 표현을 채택하지 않았다.

이 '가사노동에 임금을'이라는 표현에 관한 이탈리아와 영국의 차이는 시간차의 문제라고 해도 될 것이다. 이탈리아에서 최초로 이러한 표현이 출현했을 때는 그것 외에 달리 표현할 방도가 없었다. 즉 여성이 가정에서 하고 있는 일이 노동이라고 사회가 인정하게 만들려면 노동이라는 단어를 사용할 수밖에 없었다. 그리고 소득을 요구함에 있어서도 임금이라는 단어를 사용할 수밖에 없었다.

그러나 일단 '가사노동에 대한 임금'이라는 슬로건이 인구에 회자되면, 당사자들이 슬로건에 실었던 급진적인 의미가 사라져버린다. '가사노동에 대한 임금'이라는 주장이 임금노동이나 성역할 분업에 대해 갖고 있던 비판적 관점이 소실되고, 주부임금 같은 것으로 왜소화되어 해석되고 마는 것이다. 그런 상황에서 영국 청구인조합의 '가사노동에 대한 임금' 비판이 나오게 된다. 사실 이탈리아와 영국 양측의 강령이나 팸플릿을 살펴보면 성역할 분업 비판, 임금노동 비판, 기본소득 요구 등 거의 똑같은 주장을 하고 있다.

'가사노동에 임금을'이라는 요구는 이번 제2장에서 다룬 지역뿐 아니라 유럽 및 북미 각지에서 발견되었다. 기본소득에 대해 말해보자면, 호주의 경우 1977년 상원 선거에 여성당에서 3명의 입후보자가 나와 기본소득 도입을 공약으로 내걸었다. 또한 몇몇 나라에서 녹색당(또는 그 전신)이 만들어지는데, 이러한 움직임들이 기본소득 요구를 계승하고 있다. 더 자세한 내용은 제6장에서 다루기로 하자.

이번 제2장에서 소개한 이탈리아의 운동은 명확히 페미니즘 운동으로서 제기되었던 데 반해, 미국과 영국의 운동은 일차적으로는 복지권을 둘러싼 투쟁이었다. 그들과 그녀들이 복지권이라는 단어에 실었던 의미는, 분석적으로 돌이켜보면 다음과 같은 세 가지 의미로 나눌 수 있다.

첫째, 실제로 복지를 수급하고 있는 사람들의 경우 법률대로 급부를 받되 당국의 부당한 언행으로부터 자신을 지킬 권리. 둘째, 복지를 수급하고 있지는 않지만 법적으로는 수급 가능한 사람들의 복지수급권. 셋째, 당시의 법제도로는 복지수급권이 없었던 사람들도 포함하여 모든 이가 최저한의 소득을 보장받을 권리. 이 세 가지가 일체를 이루어 요구되었던 것이, 미국의 복지권운동과 영국의 청구인조합운동의 특징이었다고 정리할 수 있겠다.

그렇다면 어떻게 이런 일이 실제로 일어날 수 있었던 것일까.

한 가지 유력한 답은, 비혼모들의 운동과 페미니즘의 두 번째 물결의 만남이라 할 수 있겠다. 틸먼이 전국복지권단체 사무국장이 되고 그녀의 글이 미국 페미니즘을 대표하는 잡지 『미즈 매거진』 창간준비호에 실린 것은 그 만남을 상징하는 사건일 것이다.

1960~1970년대의 여성해방운동을 19세기 후반부터 20세기 초에 걸친 여성참정권운동과 구별하여 후자를 페미니즘의 첫 번째 물결, 전자를 페미니즘의 두 번째 물결이라고 부르곤 한다. 보통 첫 번째 물결에서는 참정권 같은 제도가 문제시된

반면, 두 번째 물결에서는 제도나 정치는 물론이거니와 통상적으로 공적인 것으로 감지되지 않던, 사적인 것으로 여겨지던 사람들의 의식이 문제시되었다고 이야기된다. "사적인 것은 정치적인 것이다"라는 말이 이를 잘 보여주고 있다.

이 페미니즘 논의가 비혼모들의 운동과 만난 것이 매우 흥미로운 것은, 의식을 문제 삼는 것이 새로운 제도를 제안하는 것과 연결되었기 때문이다. 왜 비혼모들은 복지수급 현장에서 '동거규칙' 따위에 근거한 갖가지 불쾌한 언행을 감수해야 하는가. 그 배경에는 핵가족과 성역할 분업을 당연시하는 사람들의 의식이 존재한다. 그 의식이 문제이고 현행 제도가 그러한 의식에 따라 형성되어 있다면, 의식과 함께 제도도 바꾸어야 한다. 핵가족과 성역할 분업을 전제하지 않은 새로운 의식으로부터 도출되는 것이 바로 개인단위 기본소득이다.

물론 복지권운동의 담지자가 비혼모들뿐인 것은 아니며, 여성들만 있었던 것도 아니다. 그리고 여성이든 남성이든, 성별보다 인종 같은 차이가 전면에 등장하는 경우도 많았을 것이다. 다만, 그들과 그녀들의 운동을 기본소득이라는 요구를 통해 새롭게 파악할 때 운동의 담지자 중 많은 수가 여성이었다는 것은 대단히 중요한 점이었다. 그리고 이 점은 자주 무시되어왔다.

이탈리아의 마리아로사 달라 코스타는 당시 미국 복지권운동의 움직임이 실업자운동과 소수민족운동으로서만 이탈리아에 소개되고 있다는 사실에 불만을 감추지 못했다. 그녀가 어떤 운동에 참여했는지는 2절에서 살펴보았는데, 그로부터 어떤 이론을 구축해나갔는지는 다음 장에서 살펴보기로 하자.

제2장 요약

- 미국, 이탈리아, 영국 등에서는 1970년을 전후로 기본소득을
  요구하는 운동이 있었다.
- 그 운동의 담지자 중 다수는 여성이었다.
- 미국에서는 공민권운동으로 유명한 킹 목사도 여성들과 함
  께 기본소득을 요구했다.
- 이탈리아의 운동은 '가사노동에 임금을'이라고 주장하는 동
  시에, 가사를 여성의 일로 간주하는 성역할 분업도 변화시키
  고자 했다.
- 이탈리아의 운동은 고령자 및 환자 돌봄이 대규모 시설에서
  폐쇄적으로 이루어지는 것도 거부했다. 실제로 10년 정도 후
  정신병원이 해체된다.
- 영국의 운동은 여성들이 가사와 육아를 담당하고 있음에도 충
  분한 소득이 없는 현실을 부당한 것으로 간주하면서도, '가사노
  동에 임금을'이라는 주장이 성역할 분업 및 임금노동의 현 상
  태를 긍정할 위험이 있다고 여겨 이런 표현을 채택하지 않았다.
- 하지만 모든 운동이 금전적으로나 사회자원에 있어서나 힘
  든 상황에 내몰린 사람들에 의해 이루어졌고 국가에 따라서
  는 당국의 탄압을 받는 경우도 있어서, 1970년대 중반 이후
  로는 하향세에 접어들어 여성들이 기본소득을 요구했다는
  사실조차 사회에서 잊혀갔다.

개인단위와 페미니즘

운동 차원에서의 기본소득 요구는 현재의 페미니즘 이론과 어떤 관련이 있을까. 페미니스트들은 제1장에서 소개한 복지국가 시스템을 젠더 불평등을 구조화하는 것이라 비판해왔다.

완전고용이라는 전제는 많은 경우 정확하게는 남성의 고용을 의미하는 것이었고 남성이 이른바 '가족임금'으로 세대의 생활비를 받는 구조가 그 근간을 이루고 있어서, 사회보험이든 사회부조든 가족임금을 보완하는 것에 불과하다고 간주된다. 가족임금이 상정해온 것은 **남성부양자·여성가사노동자 모델**로 명명된다.

미국의 페미니스트 이론가 낸시 프레이저Nancy Fraser는 가족임금을 대체할 대안에 대해 다음과 같은 논의를 펼치고 있다. 가족임금의 대안으로서 세 가지 모델이 고려된다. 첫째는 **총부양자 모델**로, 남녀 모두 전일제 노동을 한다는 가정이다. 프레이저는 미국의 (주류) 페미니스트들과 자유주의자들이 상정하고 있는 것이 바로 이 모델이라고 지적한다. 둘째는 **돌봄제공자 대등**

모델로, 성역할 분업은 그대로 둔 채 여성에게 '돌봄제공자 수당'을 급부하자는 방향성이다. 프레이저에 따르면, 서구 페미니스트들과 사회민주주의자들이 상정하고 있는 것이 바로 이 모델이다. 셋째는 프레이저 자신이 주장하는 것으로, **총돌봄제공자 모델**이다. 이 모델에서는 모든 사람의 노동시간이 현재의 전일제 노동시간보다 짧아진다. 돌봄노동은 총부양자 모델에서처럼 사회서비스로 완전히 치환되는 것이 아니라, 세대 내부와 외부 모두가 담당하게 된다.

제2장에서 개관한 비혼모들의 운동과 그 운동에서 일어난 기본소득 요구를 프레이저의 논의에 따라 분류하면, 일견 돌봄제공자 대등모델의 논리로 위치 짓는 것이 가능할지도 모른다. 왜냐하면 그들이 기본소득을 요구하는 논리가 돌봄제공자 대등모델의 돌봄제공자 수당과 유사하기 때문이다. 그러나 잘 생각해보면 그렇게 단언할 수 없는 측면이 있음을 깨닫게 된다. 그들은 분명 돌봄제공을 근거로 삼았지만, 그들이 요구한 것은 '돌봄제공자 수당'이 아니라 기본소득이다. 그 의미를 진지하게 생각해보면, 단순히 돌봄제공자 대등모델이라고 말할 수 없게 된다.

이제 (복지권운동을 프레이저의 논의에 맞추는 대신) 반대로 여성들의 운동으로부터 프레이저의 논의를 음미해보자. 프레이저는 총부양자 모델에서는 임금노동에 종사할 수 없는 사람이 배제되고 돌봄제공자 대등모델에서는 돌봄노동을 할 수 없는 사람이 배제되는 반면, 여성들이 주장하는 총돌봄제공자 모델에서는 그와 같은 배제가 일어나지 않는다고 말한다.

이 모델에서 임금노동은 확실히 양적으로 보편적인 부양자 모델의 임금노동과는 다르겠지만, 그래도 임금노동에 종사할 수 없는 사람은 여전히 남게 될 것이다. 또한 복지권운동이라는 맥락에서 특히 중요한 것은, 전일제 돌봄제공자가 되는 것을 선택한 사람이 어떻게 먹고살 수 있는지가 불분명하다는 점이다. 프레이저는 이 모델에서 세대가 이성애 핵가족에 국한되지 않는다고 서술하고 있지만, 세대에 성인이 둘 이상인 경우를 전제하고 있지 않을까. 그렇다면 프레이저의 모델은, 세대에 부양자가 한 명밖에 없어도 생활할 수 있어야 한다고 요구한 복지권운동의 시각에서 보면 프레이저 자신이 생각하는 만큼 매력적이지 않다.

프레이저의 총돌봄제공자 모델은 세대 내에 성인이 둘 이상인 경우를 전제하고 있다. 이 전제 자체를 넘어서기 위해서는, 거기에 적어도 돌봄제공자 수당이나 기본소득을 포함시켜야 할 것이다. 제6장에서 서술하겠지만 몇몇 녹색당에서 기본소득에 대한 요구가 동일노동 동일임금(pay equity) 및 노동시간 단축과 나란히 요구되고 있는 것은, 연구자들이 유형을 제시하기에 앞서 이미 운동의 영역에서 이러한 방향성이 출현하고 있다는 뜻일 것이다. 이러한 요구와 방향성의 이론화가 운동의 영역에서 아직 충분히 이루어지지 않고 있다 해도, 그것을 무시하지 않고 이론화 작업을 수행하는 것이 연구자에게 부여된 과제라고 생각한다.

더 나아가 성인이 한 명인 세대를 정책모델로 삼은 경우, 성인이 둘 이상일 때 발생하는 '규모의 경제'에 의한 이득이 누구에게 귀속되는가는 흥미로운 검토과제이다. 이 점에 대해서는 구보타 마사시久保田裕之가 흥미로운 문제제기를 하고 있다 (2007년 12월 7일 교토에서 열린 '기본소득을 생각하는 모임' 발표문). 개인단위 제도를 비판하는 사람들은, 이 '규모의 경제'에 의한 이득이 해당 개인 또는 집단에 귀속되는 것에 난색을 보인다. 현행 보험·보호 모델에서는 많은 경우 사회보험(연금 및 고용보험 등)은 개인단위, 생활보호는 세대단위로 되어 있다. 이를 비판하지 않는 사람은, '일등시민'은 규모의 경제에 의한 이득을 얻어도 되지만 '이등시민'에게는 그것을 용납하지 않겠다고 생각하는 셈이다.

이러한 맥락에서 보면, 기본소득이 무조건적인 동시에 개인단위로 지급되는 것이 매우 중요하다는 것을 알 수 있다. (히로세 준廣瀬純은 라틴아메리카의 기본소득 동향을 관찰하면서 개인단위 지급이 사회운동을 무력화할 가능성이 있음을 지적하고 있다. 여기서는 이 논점을 다루지 않겠다.)

제3장

살아 있는 것 자체가 노동이다

현대사상 속의 기본소득

제2장에서는 운동 속에 출현한 기본소득 요구를 미국, 이탈리아, 영국의 사례를 통해 따라가보았다. 이 가운데 가장 유명한 사례는 역시 이탈리아일 것이다. 그 이유로 1970년대에 들어 운동은 지속되었지만 이탈리아 이외의 지역에서는 규모가 작아졌던 데 반해 이탈리아에서는 비교적 장기간에 걸쳐 이어졌고, 체제로부터 '또 하나의 사회'라고 불릴 정도의 규모로 다양한 싸움을 이어나갔던 것을 들 수 있겠다.

이러한 물질적 기반 위에서, 좁은 의미의 운동을 보다 광범위한 사람들의 생활상의 변화와 이어줄 일관된 저항의 논리를 발견하려는 이론가들의 작업이 이루어졌다. 끝으로 이탈리아 이론가들에 의해 정교화된 논리가 일본 장애인운동 속에서 직조된 언어와 서로 겹치는 부분이 있음을 다루겠다.

달라 코스타의
독특한 해석

이중의 노동거부

제2장에서 다룬 이탈리아의 여성운동가 마리아로사 달라 코스타는, 가사노동 임금 요구와 기본소득 요구를 포함하는 페미니스트 운동에 참여하는 것과 동시에 미국의 복지권운동에도 주목했다.

그녀는 이탈리아에서 복지권운동의 소개가 그 운동의 담지자가 여성이라는 사실을 간과한 채 이루어지고 있다고 지적하는 동시에, 복지권운동 이전의 '투쟁'에도 착목한다. 즉 제2차 세계대전 이후의 가사노동 및 복지서비스 동향 — 가사를 대체하는 시장서비스 및 사회서비스가 계속해서 커지고, 시장서비스 구입이 표준화되면 생계비가 증가하여 복지급부액도 증가하고, 사회서비스의 전개 역시 당연하게도 재정지출을 증가시킨다 — 을 여성의 '가사노동 거부'라는 투쟁의 결과로 위치 짓는 것이다.

복지권운동에서 기본소득 요구는 그동안 수행되어온 가사노동에 대한 지불을 요구하는 것인 동시에, 가사노동을 거부함에 따라 표준화되어가고 있는 가사 대체 서비스를 구입하기 위해 필요경비를 요구하는 것이다. 나중에 서술하겠지만, 이 점은 '사회적 임금'으로서의 기본소득이 '삶의 생산'이라 불리는 새로운 생산양식에서의 노동에 대한 지불인 동시에 임금노동에 대한 거부이기도 하다는 논리와 조응한다. 요컨대 임금노동 거부와 가사노동 거부라는 이중의 노동거부의 귀결로서 기본소득이 존재하는 것이다.

또한 달라 코스타는 '가사노동에 임금을'이라는 슬로건에 대한 비판 ― 성역할 분업을 긍정한다, 집 밖에서 이루어지는 여성의 노동을 경시한다 등 ― 을 반박한다.

> 가사노동 임금을 요구하는 투쟁은, 여성들에게 공통된 제1의 노동에 대해 비용을 지불하게 만드는 운동인 것처럼 보이면서도 또 각각의 노동은 모두 임금노동이라고 주장하는 것처럼 보인다. 그러나 실제로는 여성들이 집 밖에서 하는 노동의 조건(가사노동으로 15만 리라를 받으면 7만 리라 때문에 비서 일에 나를 팔 필요가 없다)과 서비스의 조건(집 안에서 이루어지는 일이 노동이라는 이름에 값한다면, 나는 모든 노동자와 마찬가지로 이 2차적 노동과의 교환이 아니라 현재 수행하고 있는 노동의 시간과 고충을 줄이고자 무상 서비스를 받을 권리를 더 많이 고려할 것이다)을 제시할 힘을 구축하는 첫 단계를 창출하고 있다.
>
> 달라 코스타, 『가사노동에 임금을』, 1986

이처럼 가사노동 임금에 대한 요구가 가사노동과 임금노동 모두를 관통하는 요구로서 존재한다는 주장에는, 세계 도처에서 여성 임금노동의 대부분이 여성이 담당한다는 이유로 헐값에 팔리고 있는 현실에 대한 적확한 시선이 존재한다.

일본에서도, 여성이 주로 담당하고 있는 돌봄노동 같은 분야의 열악한 노동조건을 어머니가 집 안에서 가사·육아 등의 일을 하는 방식과 비교하며 정당화하는 담론이 활개를 쳤다.

가령 옛날 복지관계자용 잡지(『사회사업』, 전국사회복지협의회)에는, 보육교사의 휴무 신청을 '엄마에게 휴일은 없다, 보육교사는 어머니 역할을 하고 있다, 따라서 24시간 근무이고 휴일이 없는 것도 당연하다, 나는 다른 사람들한테 그렇게 말하고 다니는데 이게 대체 무슨 경우냐'며 일축하는 원장의 말이 기록되어 있기도 하다. 어머니가 24시간 무상노동을 하고 있다는 점이 여성이 밖에서 일할 때 겪는 열악한 노동조건을 정당화하는 것이라면, 발상을 역전시켜보자. 집 안에서 하는 노동에 대해 지불을 요구하는 것이 집 밖에서 제대로 된 노동조건을 쟁취하는 것과도 연결되는 것 아닌가 하고 말이다.

또한 여성이기 때문에 겪는 임금격차라는 측면에 착목하는 것은, 예컨대 간호사와 소방관의 일을 비교하여 간호사의 급여가 부당하게 낮다는 점을 문제 삼는 '동일노동 동일임금'('comparable worth' 또는 'pay equity'라고 불린다)을 요구하는 운동의 맹아라고도 할 수 있다.

안토니오 네그리의
논리

비물질노동

동시대 운동 속에서 나온 새로운 요구를 이론화하려 했던 일련의 인물이 있는데, 그중에서 안토니오 네그리에게 귀를 기울여보자.[1] 그는 이탈리아에서 '또 다른 사회'로서의 운동이 다양한 싸움을 펼칠 때, 노동(자)의 존재양식이 '대중노동자'에서 '사회적 노동자'로 변하고 있었다고 분석한다.

이러한 변화는 포드주의에서 포스트포드주의로의 생산양식의 변화에 조응한다. 대량생산·대량소비를 특징으로 하는 포드주의에서는, 사람들이 공장으로 동원되어 동일한 것을 효율적으로 대량생산하는 장치 아래 노동하게 된다. 물론 모든 사람이 공장에 동원되는 것은 아니지만, 이러한 공장노동 형태가 이 시기의 자본주의 생산양식을 주도하게 된다.

이러한 공장노동자 주체인 '대중노동자'라는 존재양식도 포스트포드주의에서는 '사회적 노동자'로 변모한다. 이제 생산양식을 주도하는 것은 더 이상 공장이 아니며, 사회 전체가 공장

---

1   Antonio Negri(1933-). 이하의 서술은 그의 일련의 저작과 공저에서 이루어진 논의를 염두에 두고 있다. Antonio Negri, 『転覆の政治学: 21世紀へ向けての宣言』(小倉利丸訳), 現代企画室, 1989·2000; Michael Hardt and Antonio Negri, 『帝国』(水嶋一憲·酒井隆史·浜邦彦·吉田俊実訳), 以文社, 2000·2004.

이 된다. 포스트포드주의에서는 임금노동뿐만 아니라 이제껏 노동으로 인지되지 않았던 다양한 활동도 자본에 의해 생산에 이용된다. 임금노동도 가사노동도, 임금노동자도 실업자도 복지수급자도 모두 생산적이라는 것이다.

대체 무슨 말인 걸까. 노동은 갈수록 공장노동처럼 시공간이 한정된 형태로 이루어지지 않고, 사람들의 커뮤니케이션을 매개하는 형태로 이루어지게 된다. 여기에는 두 가지 다른 움직임이 있다. 하나는 일부 논자들이 '노동의 여성화'라 칭하는 동향으로, 네그리와 그의 공동연구자인 마이클 하트Michael Hart가 '정동노동情動勞動'이라고 부르는 것이다. 그들은 이를 "편안한 느낌, 웰빙, 만족, 흥분 또는 열정과 같은 정동을 생산하거나 처리하는 노동"[『다중』, 세종서적, 2008, 144쪽]으로 정의하고 있다. 가정 내에서 전통적으로 여성이 담당해온 돌봄노동도 이러한 노동의 한 형태이다. 달라 코스타에 따르면, 전후(戰後) '가사노동 거부'로 인해 사회화·시장화된 대체서비스(가령 돌봄서비스 등)도 그렇다.

그것만이 아니다. 서비스산업의 영역 대부분에서 정동이 노동의 주요 요소로 동원되고 있다. 교육현장에서 노동자의 '고용가능성'을 높여준다며 커뮤니케이션 능력에 초점을 맞추는 것 역시 이를 반영하고 있다. '스마일 0엔'이라는 광고는 이러한 노동(및 착취) 양상을 단적으로 보여주고 있다. 다른 하나는 정보화, 네트워크화 같은 말로 표현되어온 동향이다. 하트와 네그리는 이를 '지적·언어적 노동'이라고 부른다.

이러한 생산양식을 주도하는 노동을 이탈리아 이론가들은

'비물질노동'이라 이름 붙였고, 네그리와 하트 역시 그렇게 부르고 있다. 그들에 따르면 이러한 노동은 세 가지 특징을 갖고 있다. 첫째로,

> 비물질적 패러다임에서 일어나는 노동일의 변형을, 즉 노동시간과 여가시간 사이의 분할이 점점 불명확해지는 것을 생각해보라. …… 생산이 어떤 문제를 해결하는 것을 목표로 하거나 아이디어나 관계를 창조하는 것을 목표로 할 때, 노동시간은 삶의 전체 시간으로 확대되는 경향이 있다. 어떤 아이디어나 이미지는 사무실에서만 떠오르는 것이 아니라 샤워를 하면서 또는 꿈속에서 떠오르기도 한다.
>
> 『다중』, 세종서적, 2008, 148쪽

둘째로, "정보, 소통, 협력은 생산의 규범이 되며, 네트워크는 그 지배적인 조직형식이 된다."(앞의 책, 150쪽) 끝으로, 노동관계가 안정적인 장기적 고용에서 "유연하고 이동적이며 불안정"하게 된다.(앞의 책, 149쪽)

이러한 특징들로 인해 노동일 및 노동시간으로 측정된 종래의 임금형태는 시대착오적인 것이 된다. 이렇게 말하면 '화이트칼라 노동시간규제 적용면제(white collar exemption)'를 주장하는 일본 경제단체연합회 같지만, 경단련은 '노동의 성과'를 개인에게 귀속시킬 수 있다고 생각하는 반면 네그리와 하트는 성과를 협력의 결과로 파악한다는 점에서 결정적으로 다르다.

그런데 네트워크는, 동질적인 사람들뿐만 아니라 이질적인 사람들을 연결시켜주기 때문에 의미가 있다. 그런 의미에서 개개인의 차이 — 네그리와 하트의 용어로 표현하자면 특이성 (singularities) — 그 자체가 가치를 산출하게 된다. 개인에게로 귀속시킬 수 있는 것이 있다면, 그것은 분할된 '성과'가 아니라 개개인의 '삶' 그 자체이다. (이와 같은 생산양식을 그들은 '삶의 생산'이라고 부른다.) 따라서 포스트포드주의에서의 지불은 '삶'에 대한 지불이다. 앞서 서술한 이탈리아의 운동에서 '사회적 임금'이라 불린 것은 이렇게 이론화된다. 현재 이탈리아 운동에서 '시민소득(reddito di cittadinanza)'이라 불리고 네그리와 하트의 영문 저서에서 보장소득(guaranteed income)이라 불리는 것이 바로 기본소득이다.

제대로 된 삶을 영위하기 위한 전제조건

지금까지의 네그리(와 하트)의 논의가 흥미로운 것은 돌봄노동 같은 정동노동과 네트워크적 분석·문제해결 노동을 통합적으로 파악하고자 하는 데 있다. 그들의 매우 특이한 주장이 이런 관점을 가능하게 한다.

그것은 바로 노동의 변화가 저항의 결과로서 존재한다는 주장이다. 저항이란 달라 코스타가 이론화했듯이 일상 속에서의 가사노동 거부처럼 조용하지만 지속적인 것이기도 하고, ('사회적 공장', '또 다른 사회' 등) 눈에 뚜렷이 보이는 봉기라고 칭할 만한 운동이기도 하며, 제3세계의 탈식민지화 투쟁 같은 전쟁 등 다양한 형태를 띠는 것이기도 하다.

지금껏 집 안에서 비가시화되었던 가사노동이 '(재생산)노동 거부'를 통해 일부 시장화·사회화되어감에 따라, 지불되는 형태의 정동노동이 증가하고 지불되지 않는 형태의 정동노동도 노동으로서 표면화된다. 그리고 운동 속에서 구축되는 다양한 네트워크와 거기서 산출되는 새로운 가치를 자본에게 빼앗긴다.

가령 제2장에 소개된 기본소득운동에서 전개되었던 케이스 워커의 자의적인 사생활 개입에 대한 저항과 복지국가 비판을 신자유주의에 유용당하거나 빼앗겼다는 점, 그리고 세계은행과 IMF라는 국제기구를 등에 업은 선진국에 유리한 시장구조를 강제하기에 앞서 베트남전 반대라는 연대의 상상력과 네트워크가 일어났다는 점 등은 분명히 기억해두자.

나아가 '비물질노동'이라는 개념과 관련하여 주의해야 할 점이 두 가지 있다. 첫째, '비물질'적이라는 것은 노동 자체가 비물질적이라는 것이 아니라 그 생산물이 비물질적이라는 의미이다. 서비스, 문화적 생산물, 지식, 커뮤니케이션 등이 그 예이다. 둘째, 네그리는 모든 노동이 비물질노동이 된다고 말하지 않는다. 20세기에 모든 노동이 공장노동이 되었던 것이 아니라 공장노동 형태가 지배적 경향으로서 다른 노동형태에 영향을 주었듯, 현재는 비물질노동이 지배적 경향이 되어 그 외의 노동형태에 영향을 주고 있는 것이다.

예컨대 건물 건축이나 해체 같은 물질적 노동을 생각해보자.

건설업에서 일용직 파견은 법으로 금지되어 있지만, 예나 지금이나 간접고용 및 일용직 형태의 노동은 실제로 존재한다. 예전에는 산야山谷, 가마가사키釜ヶ崎 같은 인력시장이 이러한 노동형태의 대도시 주요 노동시장으로 기능했다. 노동자들은 도야ドヤ라고 불리는 그 지역의 간이숙박시설에 묵었고, 이른 아침 길에서 인력알선업자와 노동자가 서로를 마주했다. 현재는 일용직이라 해도 휴대전화로 파견회사에 등록을 하거나 PC방 같은 곳에서 인터넷으로 내일의 일거리를 찾아야 한다.

이러한 정보화 경향은 한편으로는 자본에게 노동자 선별을 더 용이하게 만들어주지만(현재 시점에서 인력시장과 휴대전화·인터넷 파견을 비교했을 때 인력시장이 선별이 까다로울 수 있는데, 여기에는 휴대전화·인터넷 파견의 확대에 따른 인력시장의 축소라는 다른 조건이 작용하고 있다), 다른 한편으로는 반격의 잠재적 조건을 고양하기도 한다. 일용직 임금 '떼먹기'는 옛날부터 계속되고 있는 일이지만, 인력알선업자의 고전적인 떼먹기와 비교했을 때 파견회사의 데이터 장비 비용 같은 명목으로 떼먹는 것이 데이터로 남아 있는 만큼 반격의 조건은 계속 정비되고 있다고 말할 수 있을 것이다.

또한 네그리는 하트와 함께 쓴 『제국』과 『다중』에서 '다중'이라는 개념에 대해 이야기하고 있다. 다중이란, 앞서 서술한 '사회적 노동자'를 사람들의 차이에 초점을 두어 다시 개념화한 것이다.

『제국』에서 '전지구적 다중을 위한 정치강령'으로서 세 가지

요구를 들고 있다. 첫 번째 요구는 '전지구적 시민권'이고, 둘째
는 '사회적 임금과 만인의 보장소득', 셋째는 '재전유권'이다.

첫째는 유연하고 이동을 수반하는 불안정한 방식으로 노동
력 이동이 촉진되고 있는 현실에 입각하여 진정한 이동의 자유
가 인정되어야 한다는 요구이다. 두 번째 요구는 노동형태의 변
화에 따른 새로운 지불형태로서 기본소득을 요구하는 것이다.
세 번째 요구는 생산자인 우리 모두가 협력의 결과인 비물질적
생산물로부터 (지적 소유권 등의 형태로) 소외되는 것을 저지
하기 위한 것이다. 이 요구들은 뭔가 혁명적이거나 충격적인 것
으로 제기되는 것이 아니라, 우리가 제대로 된 삶을 영위하기
위한 당연한 전제조건으로서 요구되고 있다.

'푸른잔디모임'
― 일본의 장애인운동

일본의 아우토노미아

앞서 살펴보았듯이 기본소득을 주장한 이탈
리아 아우토노미아운동의 배경에 자리하고 있는 것은, 네그리
의 이론화에 따르면 '이제 살아 있는 것 자체가 노동이다'라는
주장이다. 혹은 더 단적으로 말하면 다음과 같은 주장이 된다.

살아 있는 것 자체가 보수報酬의 대상이 된다.

실제로 일본에서도 똑같은 주장이 있었다. 이탈리아, 영국, 미국에서 기본소득을 요구하는 운동이 고조되었던 바로 그 무렵의 일이다. 1957년에 생겨난 '푸른잔디모임(青い芝の会)'이라는 뇌성마비인들의 단체는, 1970년 무렵부터 운동단체의 성격을 강하게 갖고서 비장애인 중심 사회에 다양한 문제를 제기해나간다. 지금도 이 모임에 참여하는 장애인들이 있으며, 필자도 1990년대에 '푸른잔디모임' 주변에서 '자면서 몸을 뒤척이는 것도 노동이다'라는 주장을 들은 기억이 있다. 사회복지학에서는 그들과 그녀들의 운동이 부정적으로 언급되거나 묵살되는 경우가 많았지만, 지금은 인터넷 등을 통해 당사자들의 목소리를 접하기 쉬워졌고 당사자들이 다수 참여하는 장애학회도 새롭게 출현하고 있다. 운동의 세부적인 내용에 대해서는 그 목소리와 학문적 성과를 각자가 직접 살펴보는 것으로 하고, 아래에서는 1972년 오사카 '푸른잔디모임' 회보에서 지금까지의 논의와 관련된 부분을 소개하겠다.[2]

2　아래의 인용은 모두 관서지방 '푸른잔디모임'(1975)에서 가져온 것이다. 단, 인터넷에 재수록할 때 잘못 변환된 것이라고 판단되는 글자는 모두 수정했으며, 밑줄은 저자의 것이다. '푸른잔디모임'에 대해서는 横塚晃一, 『母よ! 殺すな(増補版)』(すずさわ書店, 1981); 倉本智明, 「未完の〈障害者文化〉: 横塚晃一の思想と身体」(『社会問題研究』第47巻 第1号, 1997); 立岩真也, 「一九七〇年」(『現代思想』vol.26, no.2., 1998, 青土社) 등에 자세히 나와 있다.

지금까지 장애인들은 '일하는 것은 좋은 것이다', '일하지 못하는 것은 바람직하지 못한 일이다'라고 배웠기 때문에 중증장애인들은 인간의 삶이 존재하지 않는 시설로 보내져 그곳에서 체념한 채 일생을 보냈습니다. 또한 일할 수 있는 장애인들은 사업장, 직업훈련소, 복지공장에서 놀라울 정도의 저임금으로 노동을 강요받고 있습니다. …… 우리는 인간의 진정한 가치를 창출하는 일이 장애인의 노동이라고 생각합니다. (중략)

매번 '일하는 건 좋은 거야. 일할 곳이 없으면 직업훈련소에 다녀서라도 일을 해'라는 말을 계속 들어야 하고(우리는 직업훈련소에서 과로로 죽은 형제를 많이 알고 있습니다) 길을 걸으면 '어느 시설에서 도망쳤냐'는 말을 들어야 하는 현실을 우리는 거부합니다. 그러기 위해 우리는 우리의 손으로 생활거점을 만들자는 생각을 하게 되었습니다. 다른 사람에 의해 관리되는 것이 아니라, 자신의 생활을 스스로 관리하고 사람들이 일상생활을 영위하는 곳에 우리의 자립생활을 확립하는 것입니다. (중략)

장애인은 일본 노동시장의 임금체계에서 예외 취급을 당하고 있으며, 그것의 실제적 증거로서 노동자의 싼 임금이 유지되고 있습니다. 따라서 생활보호비가 최저임금을 넘어서면 일본의 임금·통화체계는 근본부터 뒤집힐 것입니다. …… 우리는 지금 우리 자신의 가치관을 만들어가고 있습니다. 그것은 역설적이게도 노동, 즉 일하는 것에 대해 우리가 갖고 있는 의문을 제기하는 것이며 장애인이어서 무엇이 나쁜지를 묻는 것입니다. (중략)

'복지국가' 일본은 …… 양호학교, 시설, 집단수용소 증설 등을 '선악'의 이름으로 포장하고 부모의 고단함을 교묘하게 이용하여 장애인 본인의 진짜 생각을, 목숨을 암암리에 매장하려 하고 있습니다. 우리는 이렇게 생각합니다. 장애인에게 있어 노동이란 삶을 살아나가는 것이며, 그것이 곧 사회성이자 자립이라고 말입니다. (중략)

우리는 뭔가 특별한 요구를 하고 있는 것이 아닙니다. 우리에게 가해지는 차별에서 비롯된 고뇌는 보편적인 것이기 때문에 우리의 요구가 보편적인 성격을 갖는 것이며, 뭔가 특수한 부정(不正)을 당하고 있는 것이 아니라 부정(不正) 그 자체를 당하고 있기 때문에 [우리는] 어떠한 특수한 요구도 하지 않습니다. …… 노동에 대한 사고방식을 바꿀 것입니다. 장애인은 먼저, 자립을 전제로 노동을 사고할 것입니다. 그동안은 노동과 임금을 동일시해왔지만, [이제] 우리는 살아 있음을 척도로 하여 복지공장에서 노동할 것입니다. 비장애인과 장애인에게 동일임금을 적용하고 부족한 부분을 정부가 보장하게 만들면서, 일하는 사람들 각자의 입장을 함께 확인하고, 서로의 가치에 눈뜨고, 새로운 노동의식을 만들어나갈 것입니다.

직접적으로 기본소득을 주장했던 것은 아니다. 그렇지만 여기에 전개된 사상은, 네그리와 하트의 사상이나 기본소득운동의 논리와 유사성을 갖고 있다. 어쩌면 데칼코마니라고 말해도 좋을 것이다.

일본의 아우토노미아, 일본의 청구인조합은 확실히 존재했었다. [그러나] 거꾸로 아우토노미아나 청구인조합에서 (푸른 잔디모임이 주장한 요구와의 보편적인 공통성은 별도로 하고) 장애인이라는 특이성이 얼마나 기저를 이루고 있었는지는 의문이다. 물론 영국의 청구인조합에는 장애인 조합원도 있었다. 여기서 '의문'이라 함은 장애인의 참여가 없었다는 말이 아니라, 가령 '동일한 조합에서 젠더 문제가 진지하게 다루어지듯 장애 문제가 다루어졌을까' 하는 의문이다. 오히려 아우토노미아와 청구인조합은 푸른잔디모임으로 가는 과정이라고 해도 좋을 것이다. 여기에 덧붙여 두 가지 흥미로운 유사성을 빠른 걸음으로 살펴보자.

두 가지 유사성

하나는 영국의 청구인조합과 푸른잔디모임이 갖고 있는, 현대의 임금노동(자)이 접하는 위치에 대한 인식의 공통성이다. 요코쓰카 고이치橫塚晃一는, 함께 활동했던 불자 대불공大佛空에게서 이어받은 신란親鸞의 악인정기설惡人正機說에 대한 독특한 해석에 관해 이야기하고 있다.

악인정기惡人正機, 즉 '악인이 가장 먼저 구원받아야 한다'는 주장은, 불교에서 가르치는 선행에 집중할 수 있는 물리적 기반을 가진 지배층 사람들이 아니라 살기 위해 살생을 저지를 수밖에 없는 노동빈민이 구원받아야 한다는 의미이다. 그리고 오늘날 '선행이란 궁극적으로 일을 잘하는 것'으로 여겨진다. 이러한 선행에서 배제된 사람들, 즉 장애인이야말로 구원받아야 하는 것 아닌가 하고 묻고 있는 것이다.

'오랜 역사 속에서 억압을 받았던 것, 거꾸로 말해 사회를 변혁하는 주체로서 기대를 받았던 것은 노동자계급이었지만 이제 그 자리에 있는 것은 노동자계급이 아니라 청구인계급이다'라고 생각했던 것이 바로 영국의 청구인조합이었다. 사회운동 내에서 노동중심주의적 세계관으로 인해 걸핏하면 보이지 않는 존재로 취급되고 주체로서는 배제되기 일쑤였던 '일하지 않는 자들'을 다시 한 번 주체로 위치 짓고자 한 것이, 요코쓰카의 주장이자 청구인조합의 주장이었다고 할 수 있겠다.

또 하나는 이탈리아에서 기본소득을 주장한 페미니즘운동과 푸른잔디모임의 유사성이다. 앞서 인용한 '파도바 여성들의 투쟁' 강령에 있는 가정이라는 게토와 국가라는 게토에 대한 거부는, 푸른잔디모임 강령의 유명한 구절인 '사랑과 정의를 부정한다'에 정확히 호응하고 있다. 이 구절은 돌봄을 필요로 하는 장애인의 삶이 한편으로는 가정 안('사랑')에, 다른 한편으로는 시설 안('정의')에 갇혀버리는 것에 대한 부정이었기 때문이다.

물론 돌봄을 받는 사람(푸른잔디모임)과 돌봄을 담당하는 사람(이탈리아의 여성운동)이라는 입장의 차이는 엄연히 존재한다. 또한 그녀들의 돌봄 명단에 노인과 환자는 있어도 장애인은 없다. 이러한 차이에 바탕을 두고 있으면서도, 돌봄 관계를 이유로 들어 돌봄을 받는 사람들의 삶이 가정이나 시설에 갇혀서는 안 된다는 그녀들의 발상과 푸른잔디모임 강령이 호응하고 있는 것을 보면 깜짝 놀라지 않을 수 없다. 게다가 10년 정도 지나면, 이탈리아의 운동은 정신병동 해체에 성공한다. 필자는 푸른잔디모임이 일본의 장애인운동을 대표한다고 말할 생각은 없다. 마찬가지로 전국복지권단체가 미국의 복지권운동을, 청구인조합이 영국의 복지권운동을, '로타 페미니스타'가 이탈리아 페미니즘운동을 대표한다고 말하려는 것도 아니다. 그저 이 운동들이 기본소득과의 관계에서 (적어도 필자에게는) 중요하고 서로 관련성을 갖고 있음을 논하려는 것이다.

***

1968년 전후의 '뜨거운 계절'에 분출되었던 요구 중 대다수는, (현실은 어떨지 몰라도) 적어도 머리로는 상식이 되어가고 있다. 성평등과 인종 평등이 그렇다. 양질의 노동환경에 대한 권리도 그렇다. 이러한 가운데 기본소득을 주장하는 것은 (적어도 일본에서는) 아직은 머리로도 상식이 되지 못한 것 같다. 지금이야말로 잃어버린 것을 찾으러 가야 할 때가 아닐까.

이 장에서 언급한 현대사상은, 이 잃어버린 것을 어쩌다 잃어버리게 되었는지 그리고 왜 찾으러 가야 하는지를 우리에게 가르쳐주고 있다. 이런 의미에서 제2장과 이번 제3장의 논의는 깊이 연결되어 있다.

- 달라 코스타는 미국 복지권운동을 여성들의 '가사노동 거부'
의 결과로 보는 독특한 해석을 내놓았고, '임금노동 거부'와
'가사노동 거부'라는 이중의 거부 전략을 취했다.

- 이러한 발상은 여성의 임금노동에 관한 입장이 가사노동에
관한 입장과 밀접하게 관련이 있다는 데 초점을 두고 있었으
며, 훗날의 '동일노동 동일임금' 같은 주장과 연결되는 지점
이 있다.

- 네그리와 하트는 비물질노동이라는 개념을 근거로 노동시간
과 비노동시간의 구분이 애매해지고 있고 이제는 사람들의
삶 자체가 가치를 생산하고 있다고 주장하였으며, 이를 기본
소득 요구의 한 가지 근거로 제시하고 있다.

- 살아 있는 것 자체가 노동이며 곧 가치생산이라는 네그리의
주장은 1970년대 일본 장애인운동에서 발견되는 주장과 유
사하다.

자유지상주의 버전 vs. 아우토노미아 버전?

기본소득은 통상적으로 다음과 같이 이해되고 있다. 즉 (1) 일정한 액수를 지급한다. 그리고 (2) 임금노동을 하고 있는 경우 그 임금은 추가수입이 된다. 그러나 네그리의 설명을 문자 그대로 이해하면 전혀 다른 그림이 그려진다.

첫째로 기본소득이 '살아 있음' 자체에 대한 지불이라면 살기 위한 비용을 변제하는 것이어야 한다. 살아가는 데 드는 돈이 사람마다 다르다면(현상적으로 그렇다) 지불되는 돈 역시 달라지는 것 아닌가? 둘째로 성과를 개인에게 귀속시킬 수 있고 시간을 척도로 노동량을 측정할 수 있다는 것을 전제로 한 임금이라는 지불형태가 타당성을 잃어서 그 대신 기본소득이 제시된 것이라면, 기본소득과 임금을 이중으로 획득해서는 안 되는 것 아닌가?

구체적으로 생각해보자. 가령 기본소득에 대한 통상적인 이해를 자유지상주의 버전(자유지상주의에 대해서는 간주 참조)이라고 하고, 네그리의 독해를 통해 제시되는 기본소득에 대한 이해를 아우토노미아 버전이라고 부르자. 어느 쪽이든 최종소득은 사람마다 다를 수 있다.

여기서 많은 장애인의 공적 급부 이외의 소득수단을 거의 다 봉쇄해버리는 지금과 비슷한 가상사회를 상정해보자. 장애인이면서 임금수입이 0엔인 A, 비장애인이면서 임금 수입이 20만 엔인 B가 있다. 자유지상주의 버전의 경우, 가령 기본소득 지급액이 10만 엔이라면 실제 소득은 A는 10만 엔, B는 30만 엔이 된다. 많은 경제학자의 논의를 비롯한 기본소득에 대한 통상적인 이해는 이렇다. (자유지상주의자 중에서도 '실질적 자유지상주의자'를 자임하는 판 파레이스는 기본소득을 지급하기 전 단계에서 장애 등으로 인한 불평등에 대항하는 분배를 생각하고 있기 때문에, 여기서 다뤄지고 있는 자유지상주의 버전에 해당되지 않는다.)

아우토노미아 버전에서는 임금수입이 없다. A는 생활하는 데 30만 엔이 들고 B는 20만 엔이 든다면, 그 액수가 각각 기본소득으로서 지급된다. 자유지상주의 버전에서는 임금소득에 따라 소득의 총합에 차이가 생기는 데 반해, 아우토노미아 버전은 '각자의 필요에 따라' 차이가 생긴다.

네그리의 동료 경제학자들 역시 최근 기본소득에 관한 이론적 논의를 전개하기 시작했지만, 그 대부분은 자유지상주의 버전이다. 임금이 사라져야 하는지에 대해서까지 네그리의 논의를 자구(字句) 그대로 받아들일 필요는 없을 것이다. 그러나 기본소득 자체가 '각자의 필요'에 상응하는 것이라는 생각은, 기본소득이 이 책에서 다루고 있는 운동 속에서 나왔다는 점을 고려하면 쉽사리 버릴 수 없을 것이라 생각한다.

1970년대 영국·이탈리아·미국의 운동에서 이 문제가 어떻게 다뤄졌는지는 한마디로 요약할 수 없다. 미국의 경우, 장애인이 '구제받아 마땅한 사람'으로서 복지권운동에 결집한 사람들보다 상위에 있다고 (실제로 어떠했든 간에) 생각되었다. 영국의 청구인조합에도 장애인들이 있었지만 운동의 중심은 아니었다. 한편으로는 필요가 사람마다 각각 다르다는 점이 제기되었지만, 다른 한편으로는 막연하게 필요의 평등을 가정한 경우도 있었다. 이러한 요구를 있는 그대로 순수하게 해석하면, 필요를 충족시키는 데 돈이 가장 많이 드는 사람의 필요액에 맞추어 기본소득 액수가 결정되는 접근법도 존재할 것이다. 이탈리아 아우토노미아의 논의에도 이러한 방향성을 읽을 수 있는 내용이 존재한다.

그러나 필요에 따라 기본소득 액수가 변한다고 해서 케이스워커에게 액수를 결정하는 역할을 맡길 필요는 없다. 그것은 당사자들의 합의에 맡기면 된다. 예컨대 자립생활센터 같은 곳에서 장애인이 필요로 하는 바를 논의하는 것은 어떨까. 기본소득은 어디까지나 일률적으로 설정되며 그렇기 때문에 충족되지 않는 필요는 별도로 취급되어야 한다는 생각도 물론 존재할 것이다. 이것은 기본소득이라는 말을 어떻게 정의하는가의 문제에 지나지 않는다. 이 경우에도 그 별도의 필요를 결정하는 것이 사회복지사의 모습을 한 국가여서는 안 된다.

결국 아우토노미아 같은 운동과 '푸른잔디모임'의 동시대성 그리고 그 공통된 특질에 착목하여 각각의 특이성에서 나온 주요한 주장을 서로 공유함으로써 운동의 경험을 풍부하게 만들어가는 것이야말로, 지금 시점에서 수십 년 전의 운동을 돌아보는 작업을 유의미한 일로 만드는 방향일 것이다. 따라서 장애인의 필요를 충족시키지 못하거나 소득의 측면에서 비장애인에 비해 장애인이 부당하게 벌을 받는 것 같은 기본소득(혹은 기본소득이 그 일부로 포함된 사회정책)이라면, 그것을 주장할 이유가 없다.

'모두에게 실질적 자유를'

철학자들의 기본소득

지금까지 제2장과 제3장에서 살펴본 운동 그리고 그 운동에서 직조된 이론은, '노동' 개념에 대한 발본적인 재해석에 앞서 기본소득을 구상한다는 것이었다. 현 상태로는 여성이 집에서 아이를 돌봐도 그것은 노동이 아니다. 반면 밖에 나가 다른 사람의 집에서 아이를 돌보는 것은 노동이다. 그러나 여성이 집에서 무급으로 하고 있는 일과 유사하기 때문에 임금이 상대적으로 낮다. 임금 지불 여부가 (1) 노동과 비노동을 사실상 가르고 (2) 노동 내 위계를 만드는 현실을 다시금 포착하여, 새로운 '노동' 개념을 주장한다. 한편으로 여기서 노동으로 파악되는 개개의 행위들은 지금껏 노동으로 간주되지 않았던 것을 포함하고 있다는 점에서 새롭지만, 다른 한편으로 가치를 만들어내는 행위가 노동이라는 생각은 '노동이 가치를 낳는다'는 노동가치론에 입각해 있다. 사적 소유를 정당화하고 자본주의의 기초를 다져온 논의는 존 로크 이래로 노동가치론에 의해 지탱되어온 것이기 때문에, 이 점에서 자본주의 논리에 내재한 이른바 정통파의 입장과 네그리·하트의 입장은 어떤 면에서 서로 통한다고 할 수도 있다. 노동의 의미를 새롭게 포착해내긴 했지만, 노동에 중심적인 가치를 두는 데는 변함이 없다고 할 수 있겠다.

제2장에 등장한 여성들 그리고 제3장에 등장한 이론

가들과 마찬가지로 자본주의하에서 임금노동을 강제하는 논리에 의문을 표하면서도, 전혀 다른 방향으로 사고를 펼친 사람들이 있다. 노동을 재정의하는 것이 아니라, 오히려 노동이 사회에서 갖는 의미를 제한하는 방향성이다. 이러한 논의 속에서도 기본소득을 정당화하는 작업이 등장한다.

민주주의와 기본소득

원래 유럽의 철학적·사상적 전통에서 노동은 중심적인 가치를 갖는 주제가 아니었다. 근대 유럽 정치사상가들이 이상화한 고대 그리스 아테네의 민주주의는 노동에서 해방된 '시민'이 담당했다. 흔히 민주주의의 시민으로서 활동하기 위해서는 생활상의 이해利害나 필요로부터 해방되어야 한다고 생각되기도 했다. 가령 『인간의 조건』 등으로 유명한 철학자 한나 아렌트Hannah Arendt는 사회적인 것이 정치의 영역에서 논의되는 것을 부정적으로 파악하고 있다.

일상의 필요에 대한 배려로부터 자유로워질 때 비로소 공적인 정치를 제대로 다룰 수 있다는 발상은, 역사적으로 보통선거에 반대하고 자산가들에 의한 제한선거를 정당화해온 것이기도 하다. 그런데 보통선거를 양보할 수 없는 전제로 삼으면 역으로 '민주주의가 충분히 기능하려면 시민권으로서 기본소득이 지급되어야 한다'는 논리가 성립된다. 예컨대 페미니스트 정치사상가 캐럴 페이트먼Carole Pateman은 부분적으로 이러한 논리에 근거하여 기본소득을 옹호하고 있다.

러셀의 기본소득과 노동윤리 비판

영국의 철학자 버트런드 러셀Bertrand Russell 은 20세기 영국 철학을 대표하는 철학자 중 한 명이지만, 그가 기본소득을 주장했다는 사실은 오늘날 거의 잊혀가고 있다. 그는 제1차 세계대전 때 반전을 부르짖었고 그 때문에 1916년 캠브리지대에서 쫓겨난다. 그로부터 2년 후인 1918년『자유로 가는 길』을 발표하는데, 「노동과 보수(Work and Pay)」라는 제목의 장[한국어판은 「게으름뱅이가 될 자유」]에서 아래와 같이 기본소득을 주장하고 있다.

일을 하든 안 하든 간에 사람은 누구나 적지만 생필품을 구하기에는 충분한 소득을 일정액 보장받아야 하며, 이보다 더 큰 소득은 생산된 재화의 총량이 허락하는 한도 안에서 공동체가 유용하다고 인정하는 일에 종사하는 이들에게 돌아가야 한다.

버트런드 러셀, 『자유로 가는 길』, 함께읽는책, 2012, 155쪽

이 인용문의 전반부가 기본소득에 대한 주장이라는 것은 쉽게 알아차릴 수 있을 것이다.

러셀은 어떤 논리로 이런 제안을 했던 것일까. 그는 먼저 "개개인이 일을 하지 않고도 평범한 수준의 안락한 삶을 보장받을 수 있다면, 그 사회는 필요한 만큼의 노동량을 달성할 수 있을까"라는 문제제기를 설정한다. 이에 대해 러셀은 "만약 일이라는 것이 오늘날 대부분의 일과 똑같이 유지된다면 빈곤의 공포 없이 사람들에게 일을 시키기란 의심할 바 없이 어려울 것"이라 보면서 논의를 발전시킨다. 그는 "긴 노동시간 때문에 일이 지겨운" 것이라 보고 노동시간을 일일 4시간으로 단축할 것을 주장한다. "유익한 일을 하루에 네 시간 하는 것만으로 누구나 적당히 화려한 중산계급 주택을 소유할 수 있다"는 것이다.(앞의 책, 145~147쪽)

나아가 자본가가 지배하는 "거대 경제조직"이 "생산자가 생산 방식과 조건, 노동시간 등 모든 문제를 결정하는 자치 공동체로 점차 바뀌어간다면 …… 굳이 일하지 않아도 기본 생계를 보장받을 수 있는 사람들마저도 게으름을 부리기보다 세상에 꼭 필요한 일 가운데 상당 부분을 기꺼이 하려 할 것"이라고 러셀은 결론짓는다.(앞의 책, 148~149쪽)

그리고 이런 기본소득이 존재하는 사회야말로 과학과 예술이 발달한다고 생각했다.

같은 책에서 러셀은 아나키즘과 사회주의에 대해 고찰하면서, '기본소득 + 유용한 일에 종사하는 사람들에 대한 분배'라는 시스템이 "순수한 아나키즘이나 순수한 정통 사회주의보다 성공할 공산이 훨씬 더 크다"(앞의 책, 155쪽)고 말한다. 여기서 전개된 4시간 노동론은 1932년 작 『게으름에 대한 찬양』에서 다시 한 번 상세히 다뤄진다. 여기서는 자본가가 주장하는 노동 윤리를 정면으로 비판하고 있다. 일은 어느 정도 "우리의 생존에 필요한 것이긴 하지만 인간 생활의 목적이라고까지 강조될 필요는 없다."(『게으름에 대한 찬양』, 사회평론, 2005, 27쪽) 그런데도 일이 인생의 목적인 것처럼 느껴진다면, 그것은 우리가 오도되었기 때문이다.

> 이 문제에 있어 우리는 두 가지 동기로 인해 오도되어왔다. 하나는 가난한 사람들의 마음을 편하게 해주어야 할 필요성이다. 이 때문에 부자들은 수천 년에 걸쳐 노동의 존엄성을 역설해왔다. 자신들은 그 부분에서 존엄하지 않아도 되도록 애써 배려하면서 말이다. (앞의 책, 28쪽)

이러한 러셀의 노동윤리에 대한 냉철한 시선과 '비노동시간을 모든 사람에게 보장하는 것이 사람들의 창조성을 높인다'는 사고방식을 현대에 잘 계승하고 있는 것이, 이어서 살펴볼 판 파레이스의 논의이다.

판 파레이스의 '실질적 자유'론

필리페 판 파레이스Philippe van Parijs는 벨기에의 정치철학자로, 제6장에서 소개할 '기본소득지구네트워크'의 핵심 인물 중 한 사람이다. 그는 1980년대부터 현재에 이르기까지 정력적으로 기본소득을 주장해왔다. 그 주장은 주로 마르크스주의 어휘에 바탕을 둔 초기 작업과 영어권 분석정치철학의 자유주의 어휘에 중심을 둔 후기 작업으로 나누어 정리할 수 있다.

1980년대에 판 파레이스는 '9월 그룹'이라 불리는 마르크스주의 지식인 모임에서 중심적인 역할을 하는 인물이었다. 1983년 그 모임에서 로버르트 판 데르 페인Robert van der Veen과 함께 발표한 기본소득 구상안이 1986년 논문으로 출간되는데, 그 제목은 「공산주의로 가는 자본주의적인 길」이었다. 그들은 마르크스의 『고타강령 비판』에 나오는 공산주의 분배에 관한 유명한 정식화로부터 논의를 시작한다.

즉 공산주의의 첫 단계에서는 '각자에게 그 노동에 따라' 분배가 이루어지지만, 그 후 나타날 더 높은 공산주의 단계에서는 '각자에게 그 필요에 따라' 분배가 이루어진다. 이 공산주의 첫 단계를 사회주의라고 한다면, 그것은 목표점이 아니라 고도의 공산주의사회에 도달하기 위해 밟아야 할 단계이다.

그러나 자본주의하에서 기본소득이 도입되면 각자의 필요가 얼마간 충족되기 때문에 사회주의를 경유하지 않고 공산주의에 이를 수 있다.

이상은 초기 작업의 논의이며, 1990년대에 접어들면서 판 파레이스는 좌파가 사상적으로 부활하기 위해서는 신자유주의 사상에 근거할 수밖에 없다고 단념한다. 1995년 출간된 『모두에게 실질적 자유를』이라는 저작에서 그는 자신의 입장을 '실질적 자유지상주의'로 위치 짓는다. 자유지상주의란 개인의 자유의 불가침성을 주장하는 입장으로 자유존중주의로 번역되기도 한다. 통상적으로 이 입장에서 존중되는 자유는 이른바 '소극적 자유' 또는 '형식적 자유'이며, 국가의 개입을 부정하거나 축소해나가는 방향을 취한다. 여기서 소극적 자유란 몇몇 장벽'으로부터의' 자유로 생각되며, 뭔가를 '할' 자유로서의 적극적 자유와 구별된다.

반면 판 파레이스는 '소극적 자유'와 '적극적 자유'를 다르게 구별하는데, 전자가 사적 영역에서 자립을 평화적으로 향유하는 것을 의미하고 후자가 집합적 권력에 대한 능동적인 참여를 의미하는 한에서 그 구별을 인정하고 '소극적 자유'의 입장에 선다. 그렇지만 그 구별을 방금 서술한 '~으로부터의 자유'와 '~할 자유'의 형태로 사고하는 것에는 의문을 제기한다.

왜냐하면 모든 자유는 간섭이나 금지 등 장벽으로부터의 자유와 그럼으로써 뭔가를 할 자유라는 두 측면으로 이루어져 있기 때문이다. 예컨대 범죄'로부터의' 자유는 동시에 밤길을 '걸을' 자유이기도 하다. 이렇게 그는 '소극적 자유'를 '형식적 자유'로부터 확장시켜, 삶을 영위하기 위한 다양한 기회 보장 등을 포함하는 '실질적 자유'(= '진정한 자유')로 재해석한다. 그리고 실질적 자유지상주의자에게 있어 자유로운 사회란 이러한 실질적 자유가 보장되는 사회이다. 이는 우선 형식적 자유가 모든 사람에게 보장된 다음 사회에서 가장 기회를 갖지 못하는 사람들의 기회가 가능한 한 최대화되고 그다음 두 번째로 기회를 갖지 못하는 사람들의 기회가 가능한 한 최대화되고, 이런 식으로 계속 이어서 기회가 보장되는 사회로 간주된다.

1990년대 이후 판 파레이스는 이러한 견지에서 기본소득을 적극적으로 옹호하는 작업을 이어나간다. 특유의 방식으로 재정의한 자유의 보장이라는 관점에서 기본소득이 정당화된다. 또한 현실 복지국가는 이러한 자유를 모든 사람에게 보장하는 데 실패하고 있다는 점에서 비판받는다. 그리고 일부 사람의 소득을 보장해주더라도 그 보장이 조건부이기 때문에, 즉 사람들에게 어떤 특정한 행위(가령 임금노동)를 강제 또는 유도하는 효과를 갖기 때문에 비판받는다.

마지막에 언급된 점은, 판 파레이스가 소극적 자유 개념을 통상적인 해석으로부터 확장시키고는 있으나 이른바 적극적 자유에 도달하지 못하는 것과 관련이 있다. 바로 사회가 선하다고 여기는 일에 참여하는 것을 뜻하는 '고대인의 자유' 같은 의미에 거부감을 갖고 있는데, 이것이 자주 적극적 자유에 포함되기 때문이다. 제도가 선善에 대한 특정한 상을 갖고서 시민의 덕德에 힘을 실어주는 것은 정당화될 수 없다고 생각하는 것이다. 이는 자유지상주의 특유의 사고법이 아니라 존 롤스John Rawls를 필두로 많은 현대 자유주의자들이 갖고 있는 공통의 사고법이며, 통상 자유주의의 중립성이라 불린다. 그리고 그에게 기본소득은 현행 복지국가에 비해 중립적인 것이다.

기본소득 구상안을 향한 주된 비판으로, 일하지 않는 사람에게는 관대하고 일하는 사람에게는 부당하게 엄격한 제도라는 의견이 존재한다. 이에 대해 대략 아래와 같은 논리로 답한다.

기본소득이 보장되는 상황에서는 생존을 위해 노동을 강제 당하는 일이 없을 것이기 때문에 더 많이 일하는 사람은 자신 의 의사로 그렇게 하는 것이다. 단순하게 말하면, 돈에 상대적 으로 큰 가치를 두고 있다고 생각할 수 있을 것이다. 반면 더 적 게 일하는 사람은 (역시 단순하게 말하면) 시간에 상대적으로 큰 가치를 두고 있다고 생각할 수 있겠다. (더 일하고 싶은데도 본인의 의사와 달리 조금밖에 일하지 못하는 경우도 있을 것이 다. 하지만 앞서 살펴본 비판에서 적게 일하는 것이나 일을 전 혀 하지 않는 것이 항상 자발적인 것인 양 해석되고 있기 때문 에 일단은 그 입장을 따르기로 한다.)

판 파레이스는 후자를 '게으른(lazy) 사람'이라 칭할 수 있 다면 전자를 '일에 미친(crazy) 사람'이라고 부를 수 있지 않겠 냐며 논의를 이어나간다. 기본소득 제도하에서는 게으른 삶 도 일에 미쳐 있는 삶도, 또는 그렇게 극단적이지 않은 '어중간 한'(hazy) 방식의 삶도, 자유롭게 선택할 수 있다. 이를 그래프로 나타내면 〈도표 A〉의 왼쪽 그래프처럼 된다. 그러나 노동 가능 한 사람이 굶어 죽는 것에 대한 두려움 없이 임금노동에 종사하 지 않는 것을 인정하지 않는 현행 복지국가에서는, 〈도표 A〉의 오른쪽 그래프처럼 되어 일에 미친 삶을 강요당하게 된다.

〈도표 A〉 시간·노동선호에 대한 자유주의의 중립성

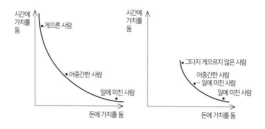

출처: Fitzpatrick(1999).

***

지금까지 살펴본 것처럼, 노동개념을 확장하는 것이 아니라 노동이 사회 속에서 갖고 있는 의미를 한정하는 방향으로 기본 소득을 주장하는 철학자들이 있다. 사실 역사적으로 보면 노동과 떨어진 곳에서 기본소득의 근거를 찾는 논의가 끊임없이 이어져왔다. 제4장에서 이러한 논의를 살펴보자.

토지나 과거의 유산은 누구의 것인가

역사 속의 기본소득

어떤 사고방식이 급진적/극단적인 것으로 들릴지 상식적인 것으로 들릴지는, 듣는 사람의 입장도 한몫한다. 독자가 어떤 입장을 취하고 있는지와 별개로, 기본소득이나 그에 가까운 발상이 상당히 오래전부터 존재했음을 역사를 통해 알 수 있다. 시장[경제]사회가 출현하고 경제학이 형성되기 시작한 무렵부터 기본소득은 구상되고 있었다. 이는 기본소득이 소수 학자의 엉뚱한 발상이 아니라 인간의 직관에 근거한 사고방식임을 말해주는 것 아닐까.

제3장에서는 다중의 요구로서 기본소득을 기획하는 현대사상을 소개했는데, 약 200년 전에는 스스로를 '야만스러운 다중'이라 칭한 사람들이 생득권으로서 기본소득을 요구하고자 목소리를 높였다.

1절('야만스러운 다중'의 자연권)에서는 이 18세기 말의 논의를 소개한다. 2절(시장경제의 성립과 기본소득 구상안 출현의 동시성)에서는 그 배경과 종래의 해석을 검토하고 이 시기에 기본소득 구상안이 나온 것의 의미를 고찰한다. 3절(푸리에주의와 J. S. 밀)에서는 19세기 중엽의 기본소득 관련 에피소드를 소개한다. 4절(길드사회주의와 사회신용운동)에서는 20세기 초중반의 기본소득 관련 사상 및 운동을 개관하고, 동시대에 일본에도 이러한 움직임들이 소개되었던 것을 다루겠다. 5절(케인스, 미드, 복지국가)에서는 4절에서 소개한 움직임들과의 관련 속에서, 케인스John Maynard Keynes 등 전후 복지국가 이념을 형성한 경제학자들과 기본소득적 발상 사이의 상관관계에 착목한다. 오늘날의 논의 중 다수가 이번 제4장에서 살펴볼 역사적 논의에서 선취되고 있음을 알아차릴 수 있을 것이다.

'야만스러운 다중'의 자연권

토머스 페인의 사상

기본소득 구상안의 출현은 18세기 말로 이야기되고 있다. 프랑스혁명과 미국독립전쟁에 참여한 잉글랜드 사상가 토머스 페인Thomas Paine의 『인권』이라는 책을 보면, 현재의 연금이나 생활보호에 해당하는 이야기가 나온다. 그리고 그것은 "자선의 성격을 갖는 것이 아니라 권리에 속하는 것"이라고 말한다.

역시 페인이 쓴 1796년 겨울에 발간된 『토지분배의 정의』라는 팸플릿에서는, 인간은 21세가 되면 국가로부터 15파운드를 성인으로서 살아갈 밑천으로 지급받아야 한다고 주장하고 있다. 그리고 50세가 되면 이번에는 연금을 연 10파운드씩 받는다. 페인의 이러한 구상안은 21세 때 받는 15파운드만으로 30년 동안 사는 것을 상정한 것이 아니라, 그 15파운드를 밑천으로 사업 등을 하는 것이다.(《사진 13》)

〈**사진 13**〉 미국의 사회보장국 홈페이지에 걸려 있는 『토지분배의 정의』 표지.

이러한 접근법을 기본소득과 분리하여 기본자본(basic capital)이라 부르는 경우도 있다. 그러나 액수의 문제를 제쳐두면 일괄지불이냐 정기적인 지불이냐의 차이일 뿐, 넓은 의미에서 모두 기본소득이라고 해도 좋을 것이다.

사상사적으로 보면, 이러한 접근법은 자연권 사상에서 생겨났다. 모든 사람은 생득적으로 토지를 이용할 권리를 갖고 있으며, 적어도 문명화 이전 사회에서는 모든 토지가 인류의 공유재산이었다. 그런데 사적 소유가 시작되었고 토지가 쪼개져 토지를 이용할 수 없는 사람들이 출현하게 된 것이다.

"따라서 빈곤은 이른바 문명생활에 의해 만들어졌다"고 페인은 말한다. 그것은 불의한 일이지만 그렇다고 시곗바늘을 돌릴 수는 없으니 그에 대한 보상으로 토지를 갖고 있는 사람에게 지대로서 세금을 부과(구체적으로는 상속세의 형태를 띤다)하여 그 세금으로 모두가 먹고살 수 있을 정도의 식량을 충당하자는 것이 페인의 논리이다. 현재의 우리에게도 직관적으로 와닿는 논리이지 않은가.

지금 얼마나 많은 사람이 노동가치론을 믿고 있는지 모르겠지만, 사적 소유를 정당화하는 사람들은 '이건 내가 벌어들인 거야'라고 말한다. 하지만 가령 롯폰기힐스가 세워져 있는 토지 자체는 옛날부터 있었던 것이지 소유자가 만든 것이 아니다. 그 일부분에 대해서는 누구나가 정당하게 몫을 요구할 수 있는 것 아닌가?

토머스 스펜스의 구상

좁은 의미의 (기본자본이 아닌) 기본소득 구상안은 토머스 페인과 동시대를 살았던 토머스 스펜스Thomas Spence가 주장했다. 이는 1792년 무렵부터 주장된 것으로 보이는데, 여기서는 1797년 출간된 『아동권』을 따라가며 살펴보기로 하자.

제목에서도 분명하게 드러나듯이 이 팸플릿은 페인의 『인권』에 대한 비판으로서 집필되었다. 출간되기 전 페인의 『토지분배의 정의』가 나왔기 때문에, 그에 대한 비판을 서문과 부록으로 추가하게 된다. 토지는 교구라는 잉글랜드 지역공동체 단위별로 공유한다고 여겨졌기 때문에, 토지를 주거·농경 등을 위해 점유할 경우에는 교구에 지대를 지불한다. 이 지대가 유일한 세금이다. 여기에서 공무원의 급료 등 공동체의 필요경비가 지출된다. 그리고 남은 것은 "남자든 여자든, 결혼한 상태이든 독신이든, 적출이든 서출이든, 생후 1개월이든 나이가 아주 많은 노인이든" 연 4회 구성원 간에 평등하게 분배되어야 한다고 말한다. 기본자본이 아닌 정기적 지급의 형태를 띠는 기본소득 구상안으로는 이것이 현재로서 역사적으로 가장 오래된 안이다.

스펜스의 이 기본소득 구상안은, '스펜소니아'[스펜스가 창안한 가상의 유토피아 국가 및 그 헌법] 또는 '스펜스 계획'이라 불리는 포괄적인 사회개혁안의 일부이다. 토지가 지역공동체 단위별로 공유된다는 점이 후세에 가장 먼저 주목을 끌었고, 이후 토지국유화운동의 선구자 중 하나로 자리매김하게 된다. 스펜스는 영어권에서나 일본에서나 페인만큼 알려져 있지는 않기 때문에, 여기서 조금 상세하게 소개하고자 한다.

스펜스는 1750년 잉글랜드 북동부 뉴캐슬어폰타인에서 스코틀랜드인 부모 밑에 태어났다. 대장간에서 사무원으로 일한

다음 스스로 학교를 만들었으며, 그곳과 그 밖의 다른 학교에서 학생들을 가르치며 생계를 꾸렸다. 1771년 뉴캐슬 당국이 공유지 인클로저를 실시했는데, 그것이 소송으로 발전하는 과정에서 토지소유 문제에 관심을 갖게 되었다. 1775년에는 뉴캐슬 철학협회에서 토지공유에 대해 강연을 했다. 이미 이 강연에서 (기본소득 부분을 제외하고) 기본적으로 『아동권』과 동일한 주장이 이루어졌다. 그 후 거리에서 팸플릿을 판매했다는 등의 이유로 철학협회에서 제명된다. 이런 사정으로 1792년부터 거점을 런던으로 옮기는데, 자신의 사회개혁안에 관한 팸플릿과 당시 발매금지처분을 받았던 페인의 『인권』을 판매한 죄로 체포되었다.

1793년부터 1795년까지 『돼지의 양식 ― 혹은 야만스러운 다중을 위한 가르침』이라는 잡지를 발행한다. '야만스러운 다중'이란 에드먼드 버크Edmund Burke가 『프랑스혁명에 대한 성찰』에서 민중을 업신여기며 불렀던 말이다.[1] 이러한 버크의 멸시에 풍자로 응수하고 있음을 제목에서 알아차릴 수 있다.

스펜스는 이 잡지와 자신의 주장을 선전하기 위해 다양한 동전을 만들었다. 돼지가 그려진 동전, 자신이 국가에 의해 부당하게 수감되었던 일을 자랑하는 동전, '3인의 토머스'로서 자신

---

[1] '야만스러운'으로 번역된 'swinish'라는 단어에는 '돼지 같은'이라는 의미가 있다. 『프랑스혁명에 대한 성찰』의 일본어판에서 'swinish multitude'는 '돼지 같은 대중'으로 번역되어 있다.

을 토머스 모어Thomas More, 토머스 페인과 나란히 언급한 동전 등이다. 현재도 동전수집가 사이에서는 이름이 알려져 있는 듯하다. 또한 민중이 문학을 쉽게 접할 수 있도록, 실제 발음에 충실한 독자적인 알파벳을 고안한 것으로도 알려져 있다.

런던으로 와서 맨 처음에는 가게를 운영했으나 거듭 체포를 당했고, 포장마차를 끌면서 팸플릿을 파는 등 그의 곤궁한 생활은 1814년 숨을 거둘 때까지 계속되었다고 한다.

시장경제의 성립과
기본소득 구상안 출현의 동시성

미국독립전쟁·프랑스혁명·영국 급진주의 운동

토머스 페인의 『인권』은 1792년 잉글랜드에서 발매가 금지되었고 페인 본인도 체포 직전 겨우 프랑스로 탈출하는데, 결석재판에서 유죄가 확정되어 다시는 잉글랜드로 돌아올 수 없게 되었다. 토머스 스펜스도 앞서 서술했듯이 1792년 체포된 후로 여러 번 체포되기를 반복한다. 1794년에는 재판 없이 7개월간 투옥되었고, 1801년에는 재판 후 1년을 감옥에서 보낸다. 이러한 탄압의 배경에는 무엇이 있었던 것일까? 18세기 말이란 어떤 시대였던 것일까?

토머스 페인이라는 이름은 통상적으로, 기본소득 같은 복지 구상안보다 미국독립전쟁이나 프랑스혁명과 결부되어 기억되고 있다. 『상식』(1776)은 미국독립전쟁(1775~1783)이 한창일 때 미국 식민지 정착민들의 여론을 독립 쪽으로 고무하고자 쓴 책인데, 출판 목적 중 하나는 그 판매액으로 조지 워싱턴 George Washington(훗날 미국의 초대 대통령)의 혁명군용 장갑을 조달하는 것이었다고 전해진다. 『인권』(1791~1792) 역시 프랑스혁명을 비판하는 버크에게 반론을 제기하기 위해 집필되었다. 페인은 1792년 프랑스 국민공회 의원으로 선출되어 시에예스 Emmanuel-Joseph Sieyès, 당통Georges J. Danton, 콩도르세 Marquis de Condorcet 등과 함께 신헌법 초안을 작성하는 위원회에 참여한다. (나아가 페인은 로베스피에르 독재하에서 체포·투옥된다.)

프랑스혁명의 전파를 두려워한 영국 지배층에 의해 민주화를 추구하던 급진주의운동이 철저히 탄압받았는데, 앞서 다룬 페인이나 스펜스에 대한 박해도 이러한 맥락 속에서 일어났다. 1794년에는 인신보호법이 정지되었으며(이 때문에 스펜스는 재판 없이 7개월간 구류되었다) 이듬해인 1795년에는 저작이나 집회를 통해 정부를 모욕하는 것과 50명 이상이 허가 없이 집회를 갖는 것을 금지하는 '탄압 2법'이 도입된다. 또한 급진수의자 단체에 스파이가 잠입하기도 한다.

이러한 탄압의 성과였을까. 프랑스혁명같이 시민계급(부르

주아)과 빈민계급이 손잡고 혁명을 일으키는 일은 잉글랜드에서도 스코틀랜드에서도 일어나지 않았다. 이러한 탄압이 오래도록 명맥을 유지하면서, 급진주의자의 운동은 지하로 숨어들게 된다. 한 가지 저항의 수단은 거리로 나가 백묵으로 그라피티를 하는 것이었는데, 거기에는 '스펜스 계획'이 자주 적혀 있었다고 한다. 당국은 사실이건 날조건 간에 번번이 '음모'를 검거하는데, 체포된 사람들에게는 '스펜스주의자'라는 딱지가 자주 붙었다.

스펜스주의자는 19세기 초가 되면 영국의 자코뱅주의자(=혁명을 목표로 하는 급진파)를 가리키는 말이 된다. 그러나 이러한 서술은 체제의 대응과 탄압이 프랑스혁명에 대한 공포 속에서 이루어졌음을 서술한 것이지, 페인과 스펜스의 '권리로서의 복지'라는 제안이 프랑스혁명의 산물이라고 말하려는 것이 아니다. 페인의 제안은 1770년대 『펜실베이니아 매거진』 기고문에 이미 나와 있으며, 스펜스의 개혁안 개요는 1775년 뉴캐슬 강연에 이미 드러나 있다.

빈민의 폭동과 봉기는 18세기 말에서 19세기까지 산발적으로 계속되었다. 이러한 봉기의 주체는 버크가 '야만스러운 다중'이라 멸시했던, 그리고 스펜스 등이 한데 불러 모았던 바로 그 민중이다. 계급의식에 관한 고전적인 역사서 『영국 노동계급의 형성』에서 E. P. 톰슨Edward Palmer Thompson이 1790년 전후부터 서술을 시작하는 것은 시사적이다. 페인의 『인권』은 발매금지에도 불구하고, 발행 후 1, 2년 동안 눈 깜짝할 사이에 널리 퍼져나갔다고 한다. 또한 지식인뿐만 아니라 광부, 직공, 수병 등이 읽었다고 전해지고 있다. 영국에서 페인이 이렇게 많은 사람에게 읽혔던 것은, (페인 본인의 의도가 무엇이었든 간에) 『인권』 2부 제5장(권리로서의 생활보호나 연금에 대한 서술이 있는 부분)이나 『토지분배의 정의』 등 복지에 관한 제안이 의회 개혁 같은 정치적 요구를 경제적 곤란으로부터 탈출하고자 하는 빈민들의 욕망과 연결시켰기 때문이다.

도덕경제와 스피넘랜드 제도

톰슨은 이러한 빈민의 폭동이나 봉기를 조율했던 규범을 도덕경제로 포착한다. 중세 이후의 도덕경제에서는, 빵 등의 생활필수품 가격이 '공정가격' 또는 '민중가격'이라는 것과 괴리되어서는 안 되며 흉년 등으로 투기와 매점 때문에 가격이 상승한 경우에는 빈민에게 생존을 위해 저항할 권리가 있다고 생각되었다.

톰슨에 따르면 1790년대 전후 잉글랜드에서 일어난 폭동 및 봉기는 이러한 규범에 따라 행해졌고, 사재기업자를 습격한 경우라도 곡물을 '민중가격'으로 분배하고 판매액을 업자에게 돌려주었다. 그는 18세기 말을 이러한 도덕경제에서 정치경제로의 전환기로 파악하고 있다.

정치경제란 애덤 스미스Adam Smith로 대표되는 발흥기의 경제학을 가리킨다. 확실히 애덤 스미스에게는 '보이지 않는 손'

이 시장을 지배한다는 자유방임주의의 교의가 자리하고 있으며, 자본주의의 발흥기에 민중의 지혜(民衆知)로서의 도덕경제가 전문지식(專門知)으로서의 정치경제에 사회규범의 지위를 물려준다는 톰슨의 그림에는 일정한 설득력이 있다.

앞서 스펜스가 기본소득이 포함된 사회개혁안을 생각해낸 계기가 된 것이 '인클로저' 문제였다고 서술했는데, 18세기 말부터 19세기 초까지 인클로저가 성행했으며 그 결과 많은 빈민이 그동안 누렸던 개방된 경작지나 공동 방목지를 이용하지 못하게 되었다.[2] 나아가 1795년에는 기근이 들었고 '주부궐기'(主婦一揆)라고도 불리는 식량폭동이 곳곳에서 빈발했다.

이러한 상황에서 스피넘랜드Speenhamland라 불리는 제도가 잉글랜드의 몇몇 지방에 도입된다. 이는 농업노동자에게 식료품(빵)의 가격과 가족구성원 수에 따라 생활유지에 부족함이 없도록 소득을 보장하는 것이다. 스피넘랜드 제도라는 명칭은, 같은 해 5월 버크셔주 스피넘랜드에서 결의한 것으로부터 유래한다.

이 결의가 제출되었던 지역지배층의 회합은 원래 물가상승에 임금이 부합하지 않는 상황에 대한 대응으로서 임금 재정(裁

2 　廣重準四郎,「スピーナムランド制度成立の基礎構造: バークシアを中心に」,『西洋史学』139号(1985). 히로시게(廣重)의 일련의 논문「産業革命期イギリスにおけるスピーナムランド制度の展開(1)」(『経済論叢』vol.143, no.1., 1989); 「産業革命期イギリスにおけるスピーナムランド制度の展開(2)」(『経済論叢』vol.143, no.2-3., 1989)은 일본어로 된 스피넘랜드 제도에 대한 뛰어난 연구이다. 스피넘랜드 제도에 관한 서술은 히로시게의 논문과 Edward P. Thompson, 『イングランド労働者階級の形成』(市橋秀夫・芳賀健一訳, 青弓社, 1980·2003)에 의거한 것이다.

定)을 실시하는 것이 그 의제였는데, 결과적으로 임금을 재정하지 않고 임금보조라는 형태로 가닥이 잡힌다. 임금보조 자체는 지역에 따라 이 결의 이전부터 존재했었다. 요컨대 이 결의의 새로운 점은 최저생활비를 보장한다는 점에 있다. 대상자의 보편성 등을 이유로, 연구자에 따라 이 제도를 기본소득의 맹아로 보는 경향도 존재한다.

이 스피넘랜드 제도는 '도덕경제에서 정치경제로'라는 톰슨의 도식에 따르면 도덕경제의 마지막 저항이 될 것이다. 다만 여기서는 이런 관점과는 다른 시각도 가능하다는 것을 제시하고자 한다. '공정가격' 같은 도덕경제는, 민중의 지혜이기만 했던 것이 아니라 토마스 아퀴나스Thomas Aquinas 등 중세신학자들의 전문지식이기도 했다.

또한 시장에 대한 개입을 부정한 애덤 스미스의 학설만 새로운 전문지식(정치경제)이었던 것은 아니다. 또 한 명의 경제학의 아버지라 불러도 좋을 제임스 스튜어트James Stewart Denham는 구빈정책의 필요성을 설파했다. 게다가 스미스의 시장에 대한 믿음에는 '스미스의 단서조항'이라고 부를 만한 유보가 존재했다. 즉 상업사회는 빈민의 필요를 충족시키는 한에서 정당화된다는 것이다. 그리고 페인의 담론을 전문지식에서 제외시키는 데도 무리가 따를 것이다.

이를 통해 말할 수 있는 것은, '민중가격'의 도덕경제에서 '자유방임'의 정치경제로의 이행이라는 도식으로는 포착할 수 없는 무언가가 이 시기에 발생했다는 것이다. 바로 '권리로서의 복지'라는 개념의 탄생이다. 페인과 스펜스의 논의, 그리고 스피넘랜드 제도가 이를 증명하고 있는 것 아닐까. '권리로서의 복지'안이 기본소득 혹은 그에 가까운 형태를 띠었다는 점은 기억해두는 것이 좋겠다.

푸리에주의와
J. S. 밀

샤를리에의 '토지배당'

자연권으로서의 기본소득이라는 사고방식은 그 후에도 단속적으로 모습을 드러낸다. '민중의 봄'이라 불리는 1848년 유럽 각지에서 일어난 혁명의 움직임 속에서 벨기에 사회주의자들이 만든 혁명헌법 초안에 기본소득이 포함되기도 했다. 그 배경에는 어떤 사상이 직조되어 있었던 것일까.

벨기에 브뤼셀에서 법조인이자 회계사로 활동하던 조제프 샤를리에[3]는, 프랑스 사상가 샤를 푸리에(Charles Fourier)의 영

---

3 Joseph Charlier(1816~1896). 샤를리에에 대해서는 많은 부분 Guido Erreygers가 알려준 내용을 따르고 있다. 샤를리에게 영향을 미친 푸리에는 19세기 초중반에 활약한 프랑스 사상가로, '팔랑주(phalange)'라 불리는 농업공동체 건설을 주장했다.

향을 강하게 받은 저술가이기도 했다. 그랬던 그가 1848년 출간한 『자연법에 기초한 사회문제 해결 또는 인도주의 헌법 및 이유서 서문(Solution du probleme social ou constitution humanitaire, basee sur la loi naturelle, et precedee de l'expose de motifs)』에서 기본소득을 주장하고 있다.

그는 페인이나 스펜스와 마찬가지로 '인간은 살 권리를 자연권으로서 갖는다'는 전제로부터 출발하여 인류의 공통 재산인 토지가 사유화되고 있음을 문제 삼는다. 그리고 해결책으로서, 지대를 사회화하여 이를 재원으로 삼아 모든 사람에게 '보장된 최저한도'를 급부하는 것을 주장한다. 이는 기본소득에 다름 아닌 것인데, 이후의 저작에서 그는 '토지배당'이라고 부르기도 한다. "토지는 누구의 것도 아니지만 과실은 모든 사람의 것"인 것이다.

이상은 1절에서 살펴본 페인이나 스펜스의 주장과 대부분 겹치는 내용이다. 새로운 것은, 기본소득 아래에서 노동의 존재 양식이 어떻게 변모하는가에 대한 고찰이 이루어지고 있다는 점이다. 페인과 스펜스가 활약한 18세기 말에서 샤를리에가 활약한 19세기 중반에 이르는 반세기 동안, 임금노동이라는 형태가 확산되어간다. 사람들을 임금노동으로 몰아넣기 위해, 2절에서 다뤘던 스피넘랜드 같은 제도는 배척하고 임금노동 이외의 생계수단을 앗아간다.

예컨대 영국에서는 경제학자 맬서스Thomas Robert Malthus 등의 영향을 받아, 1834년 구빈법이 개정된다. 구빈법 아래에서는, 구제를 받기 위해 징벌적인 구빈원에 수용되어야 하며 생활 터전에서의 구제는 부정된다(원외 구제院外救濟 금지). 구제 대상이 아닌 노동자의 생활수준보다 그 구제 수준이 낮아야 한다는 열등처우 원칙의 적용 또한 제1장 2절에서 살펴본 대로이다. 이러한 사회상황에서 기본소득론은, 지배적인 가치관 속에 자리 잡은 노동관에 또 다른 노동관을 대치시킨다.

첫째로, 지배적인 노동관은 (영국의 구빈법 개정에서 볼 수 있듯이) '사람은 굶어 죽는 것에 대한 두려움 때문에 비로소 노동에 종사한다'는 관점이다. 이에 대해 샤를리에는 기본적인 필요 충족을 보장받는 사람의 노동이 그렇지 못한 사람의 노동보다 뛰어나다는 사례를 들어 반론을 제기한다. 이러한 노동관의 정수精髓는, 동시대 영국 경제학자들을 소개하는 일역본을 통해 조금 뒤에 살펴보기로 하자.

둘째로, 기본소득이 도입되면 위험하거나 더러운 일은 누구도 하지 않으려고 할 것 아니냐는 문제제기가 존재한다. 노동조건이 열악한 채로라면 분명 그럴 것이다. 지배적인 노동관에 입각한 사람들은 이 점을 '사람은 굶어 죽는 것에 대한 두려움이 없으면 일하지 않는다'는 인간관의 근거로 삼지만, 샤를리에는 다른 식으로 사고한다.

탄광노동·채석·굴뚝청소·쓰레기수거 등 위험하거나 더러운 일은, 기본소득을 통해 굶어 죽는 것으로부터 자유롭게 되면 현재의 노동조건에서는 구태여 하려 하지 않을 것이다. 그러나 위험하거나 더러운 일을 보상하기 위해 높은 임금을 지불하면 계속 일하는 사람들이 있을 것이다. 이러한 높은 보수야말로 가령 우리를 화재의 위험으로부터 지켜주는 굴뚝청소부에게 사회가 존경을 표하는 올바른 방식이며, 이런 사람들이 곤궁에 빠져 있는 기본소득 없는 사회는 이상한 사회이다. 이것이 바로 샤를리에의 생각이다.

밀의 『정치경제학 원리』와 기본소득

이러한 푸리에주의자들의 주장은, 존 스튜어트 밀John Stuart Mill의 『정치경제학 원리』 번역을 통해 일본에도 아주 오래전부터 소개되었다. 밀의 지적은 작금의 기본소득 논의를 선취하는 듯한 흥미로운 대목이기 때문에 발췌하여 소개하고자 한다.

분배에서는 먼저 노동의 능력이 있든지 없든지 공동체의 모든 구성원에 대해서 생존을 위해 필수적인 최소한의 양이 배정된다. …… 이 체제는 공산주의와 달리 현재의 사회상태에서 작동하는 노동의 동기 가운데 어떤 것도 적어도 이론상으로는 물리치지 않는다. 오히려 정반대로 이 체제가 고안한 사람들의 의도대로 작동된다면 그 동기들은 강화될 것이다. 왜냐하면 각 개인이 보유한 더 나은 정신적·육체적 솜씨나 활력의 결실을 수확할 확실성이 현재의 사회상태에서 가장 유리한 입장에 처한 사람 또는 보통 사람들보다 운이 훨씬 좋은 사람들을 제외한 나머지 사람들이 느낄 수 있는 정도보다 훨씬 크기 때문이다. …… 생존만을 위해서 수행되는 노동은 아무리 혹독하다고 해도 생존문제가 이미 해결된 사람들이 즐거움을 위해서 기꺼이 수행할 용의를 가지고 때로는 심지어 열망하기까지 하는 종류의 노동에 비해서 그 강도가 크지 않다…….

『정치경제학 원리 제2편 분배』, 나남출판, 38~40쪽

인용문 첫 문장은 기본소득이다. 기본소득이 노동을 저해하는 것이 아니라 도리어 촉진한다는 주장은, 제5장에서 다룰 논의와도 겹친다. 또한 입에 풀칠을 하기 위해 하는 노동과 즐거움을 위한 노동을 대비시켜 후자의 생산성이 높음을 주장하고 있다는 점에서도, 후대 기본소득론자들의 노동론을 선취한 셈이 된다.

일본의 경우 밀에 대해서는 경제사상사, 정치철학, 윤리학 등 다양한 영역에서 우수한 연구들이 축적되어 있는데, 안타깝게도 밀의 기본소득에 대한 언급은 거의 검토된 바가 없다. 그 이유는 차치하고, 일단 150년 전에 집필된 경제학 고전에 이미 기본소득에 대한 기술이 들어 있다는 사실만큼은 강조되어야 할 것이다.

길드사회주의와
사회신용운동

20세기에 들어 기본소득에 대한 요구가 큰 흐름을 이루며 등장한 것은 제1차 세계대전 이후이다. 길드사회주의라는 운동으로부터, 기본소득이 포함된 사회개혁안을 내건 사회신용운동이 나온 것이다. 이는 당시 경제학에 대한 비판을 담은 것인데, 이러한 비판에 직면한 상황에서 케인스의 유명한 『고용, 이자, 화폐의 일반이론』이 세상에 나오게 된다.

길드사회주의

19세기부터 20세기 초에 걸쳐, 사회주의는 커다란 영향력을 가진 사상으로서 모습을 드러낸다. 그러나 사회주의에는 산업화의 진전에 대한 상반된 두 가지 평가가 존재하는데, 도식적으로 말하자면 각각에 상응하는 두 가지 운동이 생겨나게 된다.

하나는 산업화의 진전 속에서 혁명의 잠재력을 발견해나가는 입장으로, 기본적으로는 산업화를 긍정적으로 파악한다. 프랑스의 생시몽주의자들, 영국의 페이비언협회, 러시아의 레닌파가 여기에 해당된다. 레닌파의 혁명 후 러시아의 슬로건 중 하나가 '전화電化'였다는 것은 매우 상징적이다.

이와 달리, 산업화의 진전이 노동과 삶의 인간다움을 앗아간
다는 점에 착목하여 산업화의 부정적인 측면을 극복하고자 하
는 입장도 등장한다. 이러한 입장은 기본적으로는 산업화를 부
정적으로 파악한다. 영국의 경우 윌리엄 모리스William Morris,
존 러스킨John Ruskin 같은 사람들이 그렇다. 이러한 흐름 속에
서 탄생한 것이 바로 길드사회주의이다.

중세 직인조합인 길드의 생산양식을 인간적인 것이라 상찬
했던 A. J. 펜티Arthur Joseph Penty를 효시로 하여, 당초 페이비
언파도 포함된 좌파 잡지로 출발한 『새 시대(The New Age)』를
무대로 1910년대에 길드사회주의 논의가 뻗어나간다. 편집주
간인 A. R. 오레이지Alfred Richard Orage를 비롯하여 앞에 언급
한 펜티, S. G. 홉슨Samuel George Hobson, G. D. H. 콜George
Douglas Howard Cole 등이 주요 논자이다. 그들은 1915년 '전
국길드연맹'을 창설한다. 길드에 의한 산업 자치, 임금노예제
폐지 등이 그들 주장의 최대공약수였다.

사회신용운동과 국민배당

이러한 운동에서 나온 것이 바로 사회신용이
라는 사고방식이다. 공장 등 생산수단이 갖춰져 있음에도 실업
이나 빈곤이 만연한 이유는 무엇인가. 그들은 생산된 것을 구입
할 소득이 노동자의 수중에 없기 때문이라고 생각했다.

이는 경제학적으로 말하면 과소소비론과 한데 묶이는 사고

방식이다. 이러한 입장에서 금융시스템의 사회화와 '국민배당'을 주장한다. 이 국민배당이 바로 기본소득이다. 이를 주장한 사람은 C. H. 더글러스Clifford Hugh Douglas(1879~1952)로, 공학자이며 공군기술장교로 일했던 배경 때문에 더글러스 소령이라고도 불린다. 1918년부터 1924년까지 더글러스의 이름으로『새 시대』에 게재된 논문은 사실상 더글러스와 오레이지의 공동저술이었다고 이야기되는 만큼, 이러한 접근법은 확실히 길드사회주의의 한가운데서 나온 것이라 할 수 있다.[4]

이들의 논리는 제1차 세계대전의 비참으로 이익을 거두었다고 여겨진 금융자본에 대한 반감으로 인해, 폭넓은 공감과 관심을 불러일으킨다. 시인 에즈라 파운드Ezra Pound는 제1차 세계대전으로 런던의 소중한 문학 동료들을 잃고 금융자본에 종속된 사회를 비판하는「이자利子」라는 시를 남겼다. 그 후 그는 사회신용운동에 공명하게 된다.[5] 길드사회주의 내부의 경우, 지방의 길드나 탄광노동자 사이에서 지지가 확대되어간다. 그러나 유력한 길드사회주의자 중 한 명인 콜이 반대하는 등 분열이 일어나고, 길드사회주의 자체가 운동으로서는 와해되어간다.

한편 이러한 움직임이 길드사회주의를 넘어 당시 노동자계급에 폭넓게 확산된 결과 노동당 또한 무시할 수 없는 세력이

---

4 Frances Hutchinson and Brian Burkitt, *The Political Economy of Social Credit and Guild Socialism*, Routledge, 1997.
5 野上秀雄, 『歴史の中のエズラ・パウンド』(1999-2002), http://www1.seaple.icc.ne.jp/nogami/epihc.htm(2007年9月1日 最終閲覧).

되었고, 더글러스의 제안에 대한 조사위원회를 만들게 된다. 여기서도 사회신용 구상안은 최종적으로 기각되지만, 사회신용운동은 여전히 남아 1930년대 불황과 대량실업 속에서 대중운동으로서 명맥을 이어나간다. 영국 이외 지역의 경우, 1935년 캐나다 앨버타주에서 [사회신용당이] 집권한다.(〈사진 14〉)

〈사진 14〉 캐나다 앨버타주에서 사회신용당에 투표할 것을 호소하는 1953년의 인쇄물. 출처: Glenbow Museum.

흥미로운 것은 1920년대 말 이미 일본에 [사회신용운동이] 상세히 소개되었다는 점이다. 더글러스는 1929년 다른 일로 도쿄를 방문하는데, 이에 맞춰 더글러스의 저서가 여러 권 번역되었고 1930년 전후로는 『더글러스파 경제학 전집』 간행의 일환으로 [번역서들이] 나오게 된다. 또한 니시다 기타로西田幾多郎에게 철학을 배운 쓰치다 교손土田杏村(1891~1934)이라는 문필가는, 1930년 『생산경제학에서 신용경제학으로』라는 사회신용에 호의적인 소개서를 집필한다. 이 중에서 기본소득(국민배당)과 관련이 있는 부분을 인용하겠다.

> 두 번째 사회신용 원리는 국민배당이다. (중략)
>
> 산업에는 세 가지 요소가 있다. 첫째는 자본, 둘째는 노동, 셋째는 공통의 문화적 유산이다. (중략)
>
> 자본과 노동 이 두 가지에 대해서는 특별히 논할 것도 없다. 공동사회의 공통된 문화유산에 대해서는 경제학자도 많이 다루지 않는데, 이러한 유산의 상속자는 누구일까. 이 훌륭한 유산의 상속자는 바로 공동사회의 구성원이다. 공동사회의 개별 구성원들은 상호적으로 의존하고 살아가며, 개별 구성원들은 전체의 공통된 문화유산의 공동상속자이다. 사회에는 자본가와 노동자가 있으며 그들은 생산의 성과로부터 각자의 몫을 받는데, 사회에는 여전히 둘 중 어느 쪽에도 속하지 않는 존재가 있다. 그런 사람들일지라도, 전체의 공통된 문화유산에서는 얼마간의 몫을 받아야 한다. 바꿔 말해 공동사회의 늘어난 진짜 신용으로부터는, 공동사회 구성원이 총 몇 명이든 각자의 몫을 받아야 한다.
>
> 국민배당의 근거는 이 점에 있다. 국민배당은 수취인이 일을 하는지 안 하는지에 관계없이, 그리고 그의 재정 상태가 어떤지에 관계없이 분배되어야 한다. 이를 통해 우리가 곧바로 해결할 수 있는 것은 실업 구제이다.
>
> 쓰치다 교손, 『생산경제학에서 신용경제학으로』, 1929년

사회신용운동의 기본소득 이념이 거의 동시대에 상당히 정확하게 소개되어 있다. 또한 영어권에서의 논의를 소개하는 형태로 아래와 같은 평가도 이루어지고 있다.

> 국민배당이 성립되면 …… 각자는 경제적으로 독립적이 되기 때문에, 예컨대 가정 내에서도 오늘날처럼 아내가 남편에게 종속되거나 하는 일이 사라진다. (앞의 책)

쓰치다 교손 말고도, 경제학자로, 아니 그보다는 신감각파 작가로 유명한 구노 도요히코久野豊彦 역시 일본을 방문한 더글러스와 면담을 하는 등 '더글러스파'의 논의를 소개하는 데 힘썼다. 사회신용운동 속의 기본소득 관련 부분이 당시 이미 정확하게 소개되었다는 사실은 주목할 만한 점일 것이다.

케인스, 미드, 복지국가

경제학자와 시인의 대화

앞서 다룬 에즈라 파운드는, C. H. 더글러스와 경제학자 J. M. 케인스의 논쟁과 또 다른 경제학자 더글러스에 대한 태도를 시로 지었다.

서양의 생활비

고명한 부코스 씨에게 C. H.가 찾아간다.

"물가가 높은 이유는 뭔가요?"

여러 나라에 조언을 해주고 있는 경제학자 부코스 씨가 답
한다.

"노동력이 부족하기 때문이죠."

실업자가 이백만 명이나 된다고 하는데.

그러나 C. H.는 입을 열지 않는다. 우유죽을 식히느라 그런
거라고 한다.

그러나 나는 가만히 있지 못하고 부코스 씨에게 질문을 퍼부
었다.

그가 마지막으로 한 말은,

"나는 정통파 '경제학자'입니다."

(중략)

그리고 H. B. 씨는 사무실에서 이렇게 쓴다.

"C. H.의 책을 받아들여도 좋다.

하지만 그의 책은 나의 책을 시대에 뒤떨어진 것으로 만들어
버린다."

에즈라 파운드, 「칸토스 22」 중

여기서 'C. H.'는 C. H. 더글러스, '부코스 씨'는 케인스, '나'는 파운드, 'H. B.'는 존 A. 홉슨으로 간주된다. 케인스가 실제로 대답이 궁해져 자신이 정통파 경제학자라는 말을 던진 것이든 아니든, 케인스는 더글러스를 위시한 과소소비론 논의에 대해 당시에는 부정적이었다. 그리고 홉슨은 더글러스보다 먼저 과소소비론을 주장했던 이단 경제학자였지만, 그런 그조차 더글러스의 논의에 대해 비판적이었다. 따라서 이 시가 세 사람의 실제 대화를 그대로 가져온 것인지 지금으로서는 판단이 불가능하지만, 1920년대 초반의 경제학자들이 더글러스의 논의를 어떻게 평가했었는지 그 일면을 보여주는 것은 틀림없다.

그러나 케인스는 그 후 더글러스가 씨름했던 문제에 진지하게 몰두한다. 1920년대부터 1930년대까지 케인스는 다양한 정책과제에 주력하는 가운데, 자신이 배운 경제학을 필요에 따라 비판하고 다시 써나가는 작업을 시작한다.

그러한 작업의 집대성으로 케인스가 1936년 출간한 『고용, 이자, 화폐의 일반이론』은, 공급은 수요가 창출한다고 생각했던 당시의 경제학 전제를 근본부터 다시 쓴 것이었다. 유효수요 부족을 지적해온 선배로서, 투자요인 부족에 착목했던 실비오 게젤Silvio Gesell, 앞서 언급한 J. A 홉슨과 함께 더글러스도 이 책에 언급되어 있다. 제1차 세계대전 후 세계의 이목을 집중시킨 "이단적인 과소소비 이론" 중에서 "더글러스 소령의 이론이 가장 유명"한데, "더글러스 소령이 비판한 정통파 가운데 일부와 달리 그 자신은 적어도 우리의 경제체제가 안고 있는 두드러진

문제점을 완전히 망각하지 않았다고 주장할 자격이 있다"고 말이다.(『고용, 이자, 화폐의 일반이론』, 필맥, 452쪽)

케인스와 미드의 관점

　이 책의 전반부에서 살펴본 제2차 세계대전 후 복지국가의 존재양식은 두 사람의 이름을 붙여서 부르기도 한다. 바로 케인스-베버리지형 복지국가이다. W. 베버리지 William Henry Beveridge는 전후 복지국가의 청사진을 그렸다고 평가받는 1942년의 『베버리지 보고』에서, 사회보험을 중심으로 이를 보충하는 것으로서 공적부조를 두는 보험·보호 모델을 주장한 인물이다. 케인스의 유효수요 원리는 이러한 사회보장 지출을 정당화하는 것으로서 파악되었다. 유효수요를 정책적으로 환기시킨다는 처방전은, 케인스주의로 불리며 복지국가를 뒷받침하는 경제사상이 된다. 이 두 사람의 논의를 합치면 아래와 같다.

(a) 사회보장을 통해 유효수요가 적절한 수준으로 유지되고, 그럼으로써

(b) 완전고용이 유지되며, 그 결과

(c) 보험·보호 모델이 기능부전에 빠지는 일이 없다.

　이로써, 말하자면 사회보장·경제·완전고용의 트라이앵글을

사고하는 것이 가능해진다.(〈도표 8-1〉)

〈도표 8〉 사회보험·경제·완전고용의 트라이앵글

(1) 복지국가의 황금시대

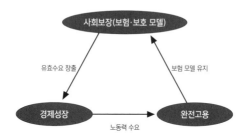

(2) 복지국가의 위기

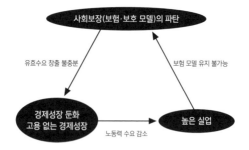

출처: 저자가 작성한 것.

이렇게 정리하면, 케인스의 논의는 완전고용을 전제로 한 보험·보호 모델과 친밀성이 있는 것 같은 인상을 줄지도 모른다. 실제로 『베버리지 보고』가 나온 후, 케인스는 베버리지와 접촉하는 동시에 베버리지 계획의 실현을 위한 활동을 전개했다.

흥미로운 것은, 그런 활동을 펼치던 중 경제학자 제임스 E. 미드James Edward Meade와 케인스 사이에 있었던 논쟁이다. 베버리지의 보험 중심 접근법에 맞서, 미드는 조세방식을 주장한다. 반면 케인스는 납부금에 바탕을 둔 사회보험이라는 아이디어에 찬성한다. 하지만 케인스는 이는 어디까지나 정책입안자나 사람들을 설득하기 위한 실천적 고려의 결과이지 이론적으로는 조세방식이 바람직하다고, 아래와 같이 미드의 견해가 옳음을 인정하고 있다.

> 고용인 및 사업주의 사회보장 납부금(보험료)이 일반세 부담보다 뒤떨어진다는 데 이론적으로 동의합니다.
>
> 1942년 5월 8일, 케인스가 미드에게 보낸 편지

또한 미드처럼 납부금 방식에 의문을 가졌던 재정관료에게도 다음과 같이 말한다.

> 납부금인가 세금인가. 이론적인 측면에서 그리고 그 옳고 그름에 관해서, 당신이 쓴 내용에 논박의 여지는 없습니다. 매주 고정된 납부금은 고용인에 대한 인두세이자 사업주에 대한 고용세입니다. …… 양쪽 모두에게 상당히 나쁜 세금이 됩니다.
>
> 1942년 7월 20일, 케인스가 리처드 홉킨스 경에게 보낸 편지

미드는 이후에 노벨경제학상을 수상하는데, 1930년대부터

1990년대 세상을 떠날 때까지 오랜 기간 동안 '사회배당'이라는 명칭으로 기본소득을 주장했다. 복지국가가 보험·보호 모델로 성립되던 바로 그때, 보험방식이 아니라 조세방식이 이론적으로 바람직하다는 사실을 케인스와 미드라는 위대한 두 경제학자를 통해 확인한 것이다.

실제로 케인스의 유효수요론은 기본소득과도 모순 없이 접속된다. 〈도표 8〉을 통해 설명해보자. 이른바 '케인스주의적 복지국가'를 〈도표 8-1〉과 같이 설명할 수 있다는 것은 앞서 서술했다. 이처럼 사회보장·경제성장·완전고용의 트라이앵글이 선순환으로 성립해 있던 것이 1950~1960년대 복지국가 황금기라면, 1970년대 이후부터 현재에 이르는 복지국가 위기라 불리는 상황에서는 〈도표 8-2〉처럼 악순환에 빠져 있다.

이 악순환에서 빠져나올 열쇠를 유효수요 재창출로 간주하면, 기본소득을 그 도구로 생각하는 것도 가능하다.(〈도표 8-3〉) 이를 '케인스주의적 기본소득 모델'이라고 명명해보자. 미드는 기본적으로는 케인스주의적인 입장을 취하면서도, 기본소득의 도입이 어느 정도 노동공급 및 노동수요 감소를 초래할 것이라 생각했다. 그리고 흥미롭게도 이를 환경문제의 관점에서 긍정적으로 파악했다.

다양한 경제활동에 따른 정체·오염·자원이용이 초래하는 심각한 외부불경제에 대해, 우리는 이전보다 적절하게 인식하

〈도표 8〉 사회보험·경제·완전고용의 트라이앵글

(3) 케인스주의적 기본소득 모델

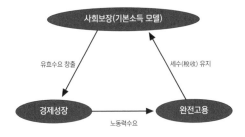

(4) 생태형 기본소득 모델

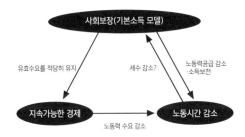

출처: 저자가 작성한 것.

게 되었다. 현재는 이러한 활동이 그 사회적 비용 전체를 조달하기 위해 가령 조세나 그 밖의 부담금 등을 부과함으로써 억제되어야 한다고 이야기된다. (중략) 근로소득에 대한 과세가 중공업 생산물보다 여가를 더 선호하게 만든다는 사실은, 이러한 가능성에 대한 하나의 일반적인 예이다. 그러나 이는 너무 조잡한 예이다. 정체·오염·자원이용이라는 특정 활동에 세금을 무겁게 부과해야 한다.

미드, 「복지국가에서의 빈곤」, 1972

이러한 미드의 논의는 환경문제와 기본소득의 연결을 가장 먼저 시도한 사례 중 하나일 것이다. 환경문제를 고려하면 경제 성장이 반드시 선善이라고 할 수 없으며, 오히려 성장을 감속시키는 경제적 디스인센티브가 바람직하다는 논의도 성립된다.

이러한 입장은 〈도표 8-4〉와 같이 정리할 수 있을 것이다. 이를 '생태형 기본소득 모델'이라고 명명해보자. 환경문제와 기본소득에 대해서는 제6장에서도 조금 다룰 것이다. 노동수요 감소와 노동유인 문제에 대해서는 다음 장에서 상세히 살펴보기로 하자.

***

제3장에서 살펴본 네그리와 하트의 기본소득 정당화는, 어디까지나 '사회의 부를 산출하는 것은 노동'이며 '그 대가로서의 임금'이라는 틀 또는 레토릭 안에서 이루어진 작업이었다. 반면 이번 제4장에서 살펴본 역사적 논의들은, 오히려 사회의 부를 산출하는 것은 노동만이 아니라 토지와 과거의 문화적 유산이라 주장하며 여기에서 비롯된 배당으로서 기본소득을 정당화한다.

이 두 가지 작업은 서로 대립하는 것일까, 아니면 상호보완적인 것일까. 이 책에서는 이 물음을 독자들에게 열어놓고자 한다.

다음 장에서는 이러한 '본령'에 관한 논의와는 잠깐 거리를 두고, 노동유인 등을 둘러싼 경제학자들의 '현실적인' 논의를 살펴보기로 하자.

제4장 요약

- 200여 년 전 처음으로 '권리로서의 복지'라는 사고방식이 제출되었을 때, 이는 기본소득적인 제안이었다. (페인, 스펜스)
- 기본소득의 근거 중 200년 전부터 끊임없이 언급되어온 것은, 원래 공동의 소유였던 토지나 과거의 문화적 유산에서 얻은 결실을 정당하게 분배하는 것이라는 논리이다. (페인, 스펜스, 샤를리에, 더글러스)
- 19세기 중반부터 기본소득론은 지배적인 노동관에 대항하는 대안적 노동관을 제시하면서 논의되었다. (샤를리에)
- 기본소득론은 80여 년 전 일본에서도 소개된 바 있다. (쓰치다 교손)
- 보험·보호 모델로서의 복지국가가 구상되던 당시, 경제학자들은 기본소득형 모델의 이론적 우위성을 인정했다. (미드, 케인스)

칼럼④

기본소득의 기원은 율령국가?

벨기에의 정치철학자이자 현대 기본소득의 주창자 중 한 명인 판 파레이스에 따르면, 기본소득의 기원은 세 가지로 간주된다.

첫째는 '최소한의 소득을 보장한다'는 구상안, 둘째는 '사람이 태어났을 때(혹은 성인으로서 자기 삶을 시작할 때) 무조건적으로 일정한 금액을 받을 권리가 있다'는 구상안(기본자본, basic capital), 그리고 셋째는 앞의 두 가지 구상안을 합친 것으로서의 기본소득이다.

첫 번째 기원이 등장한 것은 16세기 유럽으로, 토머스 모어의 『유토피아』에 담긴 내용을 예로 들 수 있다. 여기서 다뤄지고 있는 것은 정확하게 말하자면 소득 그 자체의 보장이라기보다 생활의 보장이다. 그것이 소득을 통해 보장되어야 하는가, 아니면 생활수단을 통해 보장되어야 하는가는 명시되어 있지 않다. 이와 같은 구상이 16세기 유럽에서 처음으로 출현했다는 것은 유럽중심주의적인 담론으로 비춰지기도 한다.

예컨대 중국이나 일본의 율령국가에는 균전제均田制 또는 반전제班田制가 있었다. 이는 납세·병역 등과 같은 의무의 전제로서, 신민에게 우선 그들이 먹고살 수 있도록 경작지를 나누어주는 제도였다. 이러한 맥락에서 판 파레이스의 논의를 유럽중심주의로부터 벗어나게 하면, 기본소득의 기원이 16세기보다 천 년 이상 앞서 있는 율령국가로까지 거슬러 올라간다고 할 수도 있다. 우리가 알지 못할 뿐 더 이전으로 거슬러 올라갈 수 있을지도 모른다.

제5장

인간은 일을
안 하게 될까?

경제학에서의 기본소득

일본에서 기본소득은 경제학자 사이에서도 그다지 알려져 있지 않다. 그러나 미국의 경우 표준적인 경제학 교과서에도 기본소득이 나온다. 여기서는 경제학자들이 어떤 논의를 전개했는지 개관해보기로 하자.

먼저 자주 등장하는 두 가지 의문을 살펴보자. 하나는 노동문제('기본소득이 도입되면 사람들이 일을 안 하게 되지 않을까')이고, 다른 하나는 재원문제('기본소득의 재원은 어떻게 할 것인가')이다.

노동문제에 대해 경제학자들은 세 가지 해답을 내놓는데, 먼저 1절(기본소득은 노동유인을 떨어뜨리는가?)에서는 노동문제를 '노동유인을 어떻게 자극할 것인가'라는 물음으로 새기고 답변하는 논의를 소개한다. 이어서 2절(기술혁신과 희소한 노동)에서는 노동문제를 '노동의 필요성 감소'라는 사태로부터 고찰하는 논의를 소개한다. 다음으로, '일한다'는 것의 내용을 임금노동에서 가사노동 같은 부불노동으로까지 확대시켜 생각할 경우 문제의 위상이 완전히 달라지는데 3절(누가 무임승차자인가)에서 이러한 논의를 전개하고 있는 경제학자들의 목소리에 귀를 기울여보겠다. 4절(급부형 세액공제)에서는 노동유인을 높이는 급부로서 현실에 도입되고 있는, 부분적 기본소득이라고 부를 만한 제도를 소개한다. 끝으로 5절(기본소득과 세제)에서는 또 다른 물음, 즉 재원을 둘러싼 논의를 소개한다.

기본소득은
노동유인을 떨어뜨리는가?

리스-윌리엄스의 사회배당

베버리지 보고서가 보험·보호 모델 소득보장에 관한 청사진을 제시한 이듬해인 1943년에는, 그 대안으로서 기본소득형 소득보장이 제안되기도 했다. 줄리엣 리스-윌리엄스Juliet Rhys-Williams가 제안한『우리가 고대하는 것: 새로운 사회계약을 위한 제언』[원제: *Something to Look Forward to: A Suggestion for a New Social Contract*]이 바로 그것이다.[1]

그 골자는 '사회배당'이라 불리는 기본소득형 급부이다. 이는 국가와 개인 간의 계약이라는 형태를 취하는데, 바로 '국가는 개인과 그 자녀가 건강한 생활을 영위하는 데 필요한 것들을 유지할 책무를 띠며, 개인은 부의 생산을 위해 가능한 한 노력한다'는 계약이다.

---

1   줄리엣 리스-윌리엄스(1898~1964)의 1943년 저작.

이 계약을 맺은 개인은 남성이든 여성이든, 가령 주 20실링 내외의 급부와 부양자녀 1인당 10실링의 급부를 받는다. 금액은 『베버리지 보고』가 제안한 연금 및 공적부조 급부액 수준에 불과한 것으로 간주되며, 지역별 집세 등이 고려되어야 한다고 여겨졌다. 여성은 '피부양자로서가 아니라 자신의 권리로서' 급부를 받는다.

여기서 '기본소득'형이라 함은 (보험·보호 모델과 달리) 납부금을 통한 보험제도와 자산조사를 수반하는 생활보호 부조제도의 이원분립이 아니라, 세금을 활용하면서도 자산조사를 수반하지 않는 급부를 의미한다. 그러나 이는 어디까지나 기본소득'형'이지 기본소득 그 자체는 아닌데, 노동할 의사가 없으면서 가사노동에도 종사하지 않는 사람은 급부 대상에서 제외시키고 있기 때문이다. 이 점은 기본소득과도, 이후 설명할 마이너스 소득세와도 다르지만, 아래의 세 가지 이유에서 기본소득에 가까운 시스템으로 언급할 가치가 있다.

첫째, 리스-윌리엄스의 제안과 저작들이 제2장에서 언급한 영국에서의 기본소득운동에 영향을 주었다는 점이다. 정당과 관련된 그녀의 발자취를 살펴보면, 『우리가 고대하는 것: 새로운 사회계약을 위한 제언』을 냈을 당시에는 자유당을 지지했지만 1945년 보수당으로 지지하는 정당을 바꾼다. 그러나 사회배당은 일관되게 주장했는데, 그녀가 세상을 떠난 후 1965년 출간된 페이퍼백 저서 『영국 경제정책을 바라보는 새로운 시선(*A New Look at Britain's Economic Policy*)』은 정치적 입장을 초월하여 널리 읽히고 있으며, 기본소득과 같은 제안이 사람들 입에 오르내리도록 하는 데 일조했다고 볼 수 있다.

둘째, 이제부터 살펴볼 프리드먼M. Friedman의 마이너스 소득세에 영감을 준 것으로 전해진다는 점이다. 실제로 그녀가 국가는 '고용된 사람과 건강한 사람에게도, 게으른 사람이든 아픈 사람이든 동일한 급부'를 지불해야 한다고 했을 때, 프리드먼 등 노동유인을 높여야 한다고 주장한 후대의 경제학자들과 그녀는 동일한 목표를 공유하고 있는 것이다.

셋째, 그녀는 재원을 비례소득세로 조달하는 것을 생각하고 있는데 이 아이디어가 (기본소득이건 뒤에 서술할 '마이너스 소득세'이건) 후대 경제학자들이 내놓은 제안의 원형으로 여길 만하기 때문이다. 또한 (제4장에서 살펴본 미드와 케인스의 논쟁처럼) 베버리지형 복지국가가 탄생한 바로 그때 '납부금이 아니라 세금을 통한 사회보장'이라는 기본소득'형' 청사진이 제출된 것은 강조해도 지나침이 없을 것이다.

스티글러와 프리드먼의 마이너스 소득세

리스-윌리엄스가 영국에서 사회배당을 제안했을 무렵부터, 미국의 경제학자 사이에서는 훗날 마이너스 소득세라고 불리게 될 접근법이 비공식적으로 논의되기 시작했다고 한다. 미국에서는 1938년에 제정된 공정노동기준법을 통해 연방최저임금이 도입되었다. 이를 계기로 경제학자 사이에서 최저임금의 옳고 그름과 저소득자의 소득을 보장할 수 있는 대체방안 등이 논의되기 시작한다. 최저임금을 다룬 논문에서 조지 스티글러는, 소득세를 마이너스 세율로 과세 최저한도 이하의 저소득층에게 확대시켜나가는 것을 긍정적으로 다루고 있다.[2]

이 아이디어를 상세히 서술하고 공개적인 논의의 장을 연 것은 밀턴 프리드먼[3]이라 여겨진다. 1962년에 출간된 『자본주의와 자유』라는 저서의 마지막 장은 빈곤 문제를 다루고 있는데, 여기서 마이너스 소득세를 제안하고 있다. 그 후 『뉴스위크』(1968), 『플레이보이』(1973) 같은 일반인을 대상으로 한 잡지에서도, 그리고 TV 프로그램(1980)에서도 이를 거듭 주장했다.

우선 법정최저임금은 경제학자에게 있어 왜 문제적인 것일까. 경제학 교과서는 아래와 같이 설명한다. 노동자는 임금이 높을수록 노동시장에 참여하고 싶어 할 것이다. 경영자는 임금이 낮을수록 고용을 늘리고자 할 것이다. 그 결과, 〈도표 9-1〉과 같이 된다.

---

2   George Stigler, "The Economics of Minimum Wage Legislation", *American Economic Review*, 36(1946). 조지 조지프 스티글러(George Joseph Stigler, 1911~1991)는 미국의 경제학자로 1982년 노벨경제학상을 받았다.
3   밀턴 프리드먼(Milton Friedman, 1912~2006)은 미국의 경제학자로 1976년 노벨경제학상을 받았다. 스티글러와 함께 시카고대학에서 오랜 기간 학생들을 가르쳤는데, 시카고학파라는 이름은 정부의 개입에 대해 신중하고 시장의 역할을 중시하는 입장으로 이해되고 있다.

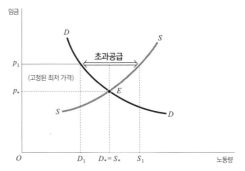

〈도표 9-1〉 최저임금제도가 실업을 낳는 경우

출처: 西村和雄, 『ミクロ経済学入門』(岩波書店, 1986).

DD는 경제학에서 말하는 수요곡선, 즉 이 경우 기업의 노동 수요가 임금액으로 인해 어떻게 변화하는가를 보여주는 것으로 오른쪽 아래로 내려가는 형태를 띤다. SS는 경제학에서 말하는 공급곡선, 즉 이 경우 노동자의 노동공급이 임금액으로 인해 어떻게 변화하는가를 보여준다. 시장에서 결정되는 것은 이 두 개의 곡선이 일치하는 지점, 즉 그래프의 E에 해당하는 노동량($D_* = S_*$), 임금액(p_*)으로 표현된다. 이 p_*보다 높은, 그러니까 가령 최저임금을 p_1으로 정해버리면 $S_1 - D_1$만큼 실업자가 발생한다. 더 나쁜 것은, $D_* - D_1$은 최저임금제도가 없었으면 일자리를 얻었을 텐데 최저임금 때문에 일자리를 잃어버린 노동자라는 점이다.

'그러니 시장에 맡겨두면 된다'고 신의 말씀을 하달하며 이야기를 끝내지 않았다는 점이 바로 스티글러와 프리드먼이 위대하다고 평가되는 지점이다. 최저임금 같은 '시장을 왜곡하는'

방책 말고 빈곤을 해소할 방법은 없는지 생각했던 것이다.

많은 나라가 소득세액공제를 실시한다. 소득세액에서 일정액을 제하는 것으로, 일본의 경우 배당공제, 외국세액공제, 주택차입금등특별공제 등이 있다. 세액공제 전 소득세액(IT)이 세액공제액(TC)과 동일하거나 그보다 많으면(IT≧TC) 세액공제는 액면 그대로의 의미를 갖는다. 그러나 세액공제 전 소득세액이 세액공제액 미만일 경우(IT 〈 TC) 통상적인 세액공제로는 IT분만 면제될 뿐 남은 TC - IT분은 의미가 없다.

이와 달리, 환급/급부의 형태로 액면 그대로의 의미를 갖게 만드는 세액공제를 급부형 소득공제라 부른다. 이 최저생활비공제로서의 급부형 소득공제가 바로 마이너스 소득세이다. 즉 소득세액에서 최저생활비 상당분을 공제하고, 소득세액이 최저생활비를 밑돌 경우에는 차액을 급부하는 것이다.(〈도표 9-2〉) (통상적인 세액공제의 경우 그래프 (b)의 a-d-e가 되고, 급부형의 경우는 c-d-e가 된다.)

〈도표 9-2〉 세액공제, 기본소득, 마이너스 소득세

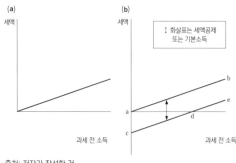

출처: 저자가 작성한 것.

이 마이너스 소득세는 보통 정률세로 간주되는 경우가 많다. 마이너스 소득세는 이론적으로는 누진세로도 역진세로도 성립되며, 플러스와 마이너스로 서로 다른 세율이라 생각할 수도 있다. '급부형 세액공제 + 정률세로서의 마이너스 소득세'는 〈도표 9-2〉와 같이 표현될 수 있다. 또한 〈도표 9-3〉처럼 설명할 수도 있다. 많은 나라에서는 소득세에 과세 최저한도를 설정해 두고 있다(일본의 경우 1인 가구에 1,144,000엔). 과세 최저한도가 있는 정률소득세는 〈도표 9-3 (a)〉와 같이 표현할 수 있다. 이를 〈도표 9-3 (b)〉처럼 과세 최저한도 이하로 확장시킨 것이 마이너스 소득세이다.

〈도표 9-3〉 과세 최저한도와 마이너스 소득세

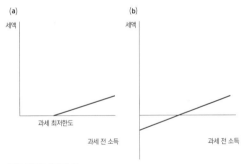

출처: 저자가 작성한 것.

사회보장제도에 대한 의구심

프리드먼이 마이너스 소득세 제안에 나선 것은 최저임금 법제화로부터 20년도 더 지난 후였다. 실제로

1950년대에는 마이너스 소득세에 대해 반대했다고 한다. 프리드먼이 마이너스 소득세 제안에 나서기 위해서는 최저임금에 대한 의구심 외에도 또 다른 이유가 필요했는데, 바로 성숙해가는 사회보장제도에 대한 의구심이다. 최저임금 법제화에 앞서 1935년 사회보장법이 성립되고, 사회보장법 아래에서 다양한 사회보험뿐만 아니라 훗날 아동부양가정지원(제2장 참조)가 될 프로그램이 도입된다. 또한 공영주택 등의 건설도 진척된다.

미국에서 연금 등 사회보험의 보험료는 사회보장세로 징수되는데, 이는 소득세 등 다른 세금과 비교했을 때 역진적이라고 한다. 나아가 프리드먼은 연금은 젊은 세대에게서 나이 든 세대에게로 일어나는 강제적인 소득이전이며, 빈곤층일수록 젊어서부터 일을 하고 부유층일수록 장수하기 때문에 이는 곧 '보다 빈곤한 사람들에게서 풍족한 사람들에게로 소득을 이전'시키는 일이라고 말한다. 사회보장이 '부자의 부담으로 빈자를 구제하는 것'이라는 말은, 연금과 관련해서 보면 반드시 들어맞지는 않는다.

아동부양가정지원 등의 공적부조(일본으로 치면 생활보호)는 확실히 '부자의 부담으로 빈자를 구제하는 것'이다. 그러나 이 제도에서는 일을 해서 소득이 늘어나면 오히려 급부의 권리를 잃게 되기 때문에 노동유인을 해친다는 점이 치명적인 결함으로 여겨진다. 이는 '**빈곤의 덫**' 또는 '실업의 덫', '복지의 덫' 같은 이름으로 현재까지 활발하게 논의되고 있다.

또한 복지를 명목으로 업계에 보조금이 내려가는 시스템은 필연적으로 부패하게 되어 있다고 프리드먼은 지적한다. 저소득층을 위한 프로그램으로서 도입된 사업이 어느새 중간계급을 위한 것으로 탈바꿈한다는 것이다. 그리고 특정 범주에 소속됨으로써 보조금을 받을 수 있는 시스템은 시장을 왜곡하게 된다.

프리드먼은 앞서 언급한 『자본주의와 자유』에서 다음과 같이 논하고 있다. "빈곤의 완화가 목적이라면 우리는 가난한 사람들을 돕는 데 방향을 맞춰 정책을 수립해야 한다. 가난한 사람이 하필 농부라면, 농부이기 때문이 아니라 가난하기 때문에 그 사람을 도와야 할 충분한 이유가 있는 것이다. 다시 말해서 그 정책은 사람들을 그저 사람들로 보고 돕는 것이어야지, 그 사람들이 특정한 직업집단, 연령집단, 임금률 집단, 노동조직이나 업계의 구성원이기 때문에 도와주는 것이어서는 안 된다는 것이다."[『자본주의와 자유』, 청어람미디어, 297쪽]

이러한 경제적 이유에 덧붙여 프리드먼이 역설한 것은 그 자신이 '복지관료제'라고 칭한 것에 대한 혐오였다. 그는 '현재의 복지계획을 좌우하고 있는 거대한 복지관료기구'가 마이너스 소득세 아래에서는 불필요해진다고 말한다. 물론 이는 기존 제도보다 비용이 적게 든다고 주장한다는 점에서 경제적인 이유이지만, 그는 여기에 그치지 않고 이렇게 주장한다. 복지관료들에 의해 '국가의 짐이나 애물단지'로 취급받아온 사람들을 '책임 있는 개인'으로 대우할 수 있게 된다고 말이다. 이 점은 제2장에서 살펴본 복지권운동의 주장과 겹쳐져 매우 흥미롭다.

마이너스 소득세와 기본소득

그렇다면 마이너스 소득세는 기본소득과 동일한 것일까, 아니면 다른 것일까. 여기서는 이미 제4장에 등장한 바 있는 경제학자 미드가 1972년 「복지국가에서의 빈곤」이라는 논문에 정리해둔 내용을 따르고자 한다. 먼저 경제학적으로는 (즉 돈이 들고 나는 것의 측면에서는) 기본소득과 마이너스 소득세를 완전히 동일한 재분배 효과를 갖도록 설계하는 것이 가능하다. 앞서 살펴본 〈도표 9-2 (b)〉에서 세액공제 부분이 비과세 기본소득급부로 바뀌었다고 생각하면 된다.

그러나 미드는 행정기관의 측면에서는 기본소득과 마이너스 소득세가 크게 다르다고 지적한다. 기본소득의 경우, 우체국 같은 행정기관을 통해 모든 사람에게 급부된다. 반면 마이너스 소득세의 경우, 세무서가 공제계산을 하고 저소득자에 대해서는 조세징수가 아니라 급부를 실시하는 형태를 취한다. 기본소득의 경우에도 세무서의 조세징수업무는 당연히 필요하기 때문에, 행정비용은 마이너스 소득세 쪽이 기본소득보다 적게 든다.

미드는 이렇게 지적하면서도 기본소득이 바람직하다고 본다. 마이너스 소득세의 경우 급부액을 산정 또는 예측하여 사전에 급부하는 것이 가능하지만, 어쨌든 피고용자의 입장에서는 (자영업과 파트타임 근무를 겸하고 있거나 일용직인 경우 등) 이러한 계산이 항상 간단한 것만은 아니기 때문이다.

나아가 다른 논자들이 든 차이점으로는, 기본소득은 개인단위이지만 마이너스 소득세는 가족단위라는 점과 기본소득은

사전 급부인 데 반해 마이너스 소득세는 사후 급부라는 점이
자주 지적된다.

그러나 전자에 대해서는 가족단위 기본소득이나 개인단위
마이너스 소득세도 기술적으로는 성립 가능하기 때문에 본질
적인 차이라고 할 수는 없다. 후자 역시 앞서 말했듯 사전에 소
득액을 예상하여 급부하고 사후적으로 조정할 수 있다(매월 원
천징수하여 연말에 조정을 하는 것과 같은 시스템).

한계세율과 BI/FT

빈곤의 덫에서 빠져나와 노동유인을 높인다
는 프리드먼식의 발상은, 현재는 BI/FT(Basic Income / Flat Tax,
기본소득/정률소득세)라는 형태로 논의되고 있다. 개인의 노동유
인(여기서는 사회의 다수와 경제학자들의 용법을 따라 '노동=
임금노동'으로 이야기하겠다)에 대해 사고하는 경제학적 도구
중 하나로 한계세율이 있다. 보통 한계세율이란, '지금보다 액
면(과세표준)으로 1엔 더 많이 벌었을 경우 그중 몇 퍼센트를
세금으로 가져가는지'에 관한 개념이다. 한계'세'율이라는 표현
을 사용하면서도, 사회보장 급부·부담과 조세를 모두 한데 뭉
뚱그려 이 개념을 사용하는 사람들이 있다. 앞으로 다루게 될
앳킨슨 등의 경제학자들이다. 사회보장 납부금 역시 숨은 세금
이고 급부는 마이너스 세금이라는 점을 생각해보면, 이렇게 기
이한 용어법도 없을 것이다.

한계세율이 60%일 경우 1엔 중 60전은 세금으로 가져가기 때문에, 실수령액은 40전만 늘어난다. 100%이면 실수령액에는 변화가 없고, 120%이면 역으로 실수령액이 20전 줄어들게 된다. 설령 소득세율에 변화가 없다 해도 소득이 조금 증가함으로써 사회보험료 부담률이 늘어나며, 혹은 지금까지 받았던 공적인 급부가 감액/폐지되면 한계세율은 100%를 넘어버린다. 예컨대 풀타임으로 일하는 배우자를 둔 파트타임 노동자가 노동시간을 딱 사회보험 가입의무가 발생하지 않을 만큼으로 조정하는 것은, 그로 인해 한계세율이 100%를 넘어버리기 때문이다.

공공경제학의 최적과세론의 맥락에서 이러한 관점의 연구가 진행되고 있다. 이에 따르면 액면 소득이 증대됨에 따라 한계세율이 저감하거나 일정하게 변동하는 형태가 바람직하다고 간주된다. 수입이 일정액 이하임을 조건으로 급부 여부가 결정되는 생활보호 같은 복지제도의 경우나 사회보험료 등과 같이 일정액 이하의 소득에 감면 조치가 이루어질 경우에는, 그 경계선에서 한계세율이 100%를 넘어버려 노동유인이 작동하지 않을 것으로 보인다. 이러한 사태를 피할 수 있는 사회보장과 세제의 조합으로서 자주 제시되는 것이 BI/FT이다. 경제학이나 조세론 문헌에서는 기본소득이라는 명칭보다 데모그랜트Demogrant나 현금수당 같은 이름으로 불리는 경우가 많은데, 그 내용은 기본소득과 동일하다. 스티글리츠는 공공경제학 교과서에서 BI/FT

를 '누진정률세'로 소개하고 있다.[4]

요컨대 '모든 사람에게 기본소득을 급부하면 사람들이 일을 안 하게 되지 않을까'라는 의문이 자주 제기되는데, 여기서의 논의를 정리해보면 기존 복지제도를 기본소득으로 치환한다고 해서 사람들이 일을 안 할 것이라고 일괄적으로 말할 수는 없다.

기술혁신과
희소한 노동

갤브레이스의 『풍요한 사회』

1절의 논의가 '기본소득이 사람들로 하여금 일을 안 하게 만드는 것 아닌가'라는 물음에 대한 미시적인 해답이라면, 이제부터 소개할 것은 거시적인 해답이라 할 수 있을 것이다. 바로 '사회적으로 필요한 노동량이 줄어들고 있는데 그렇게까지 일할 필요가 있을까'라는 물음이다. 이것은 무슨 의미일까.

갤브레이스[5]는 1958년 출간된 『풍요한 사회』에서 고용과 소

---

4 Joseph E. Stiglitz, 『スティグリッツ公共経済学: 第2版(上·下)』(藪下史郎訳), 東洋経済新報社, 2000.
5 존 케네스 갤브레이스(John Kenneth Galbraith, 1908~2006)는 하버드대학 경제학부 교수와 미국경제학회장을 역임한 경제학자이다.

득보장을 분리할 필요성을 논했다. 기술혁신으로 인해, 사람들의 필요를 충족시키기 위해 투입되어야 할 노동량과 생산은 감소하고 있다. 사람들의 필요를 충족시키는 정도 이상으로 생산된 재화는, 광고 같은 생산자의 프로모션을 통해 사람들의 욕망을 환기시킴으로써 소비된다. 이에 따라 생산은 예전만큼 중요한 것이 아니게 되는데, 아래와 같은 두 가지 이유로 아직 중요시되고 있다.

첫째는 사람들이 생산력이 모자라 빈곤이 편재해 있던 과거의 사회적 통념에 붙들려 있기 때문이고, 둘째는 생산을 통해 사람들의 고용, 나아가 소득이 보장되기 때문이다. 분명 소득은 보장되어야 한다. 그러나 그 때문에 무리하여 고용을 확보하려들면 여러 가지 문제가 발생한다. 바로 과잉생산을 수요가 따라가지 못하게 될 위험, 인플레이션 위험, 노동해서는 안 되는 사람을 고용에 몰아넣을 위험 등이다. 또한 기술혁신을 늦추게 될 위험도 있으며, 애초부터 기술혁신이 비가역적인 것이라 했을 때 완전고용 확보는 상당한 무리를 감행하더라도 어려울 가능성이 크다.

이러한 진단에 근거하여 갤브레이스는 『풍요한 사회』 초판에서 실업수당 확충을 제언했다. 급부가 넉넉해지면 일을 할 수 있는데도 일하지 않고 급부를 받는 게으름뱅이가 늘어나는 것 아니냐는 의문에 대해, "재화가 긴요한 것이 아니라면 그것을 기만행위라고 할 수 있겠는가"라고 되물으며 사회는 "자동차의 장식용 금속판에 밤색 에나멜을 칠하는 노동자의 근면"에 의존하지 않는다고 일축한다.(『풍요한 사회』, 한국경제신문, 266쪽) 게으름은 해당 개인에게는 유해할지 모르나 이미 사회에는 유해하다고 말할 수 없다고까지 말한다.

1969년 제2판에서 그는 한 걸음 더 나아가 권리로서의 기본소득을 제언한다.

고용할 수 없거나 고용하기 곤란한 사람, 일을 해선 안 될 사람들을 위한 직접적인 해결책은 생산과 무관한 소득원을 보장하는 것이다. 이는 최근에 소득보장이나 역소득세[마이너스 소득세의 다른 번역]에 관한 다양한 제안이 나오면서 활발하게 논의되고 있다. 이런 제안들을 뒷받침하는 공통적인 원칙은 기본소득을 일반적인 권리로 규정해야 한다는 것과 그 액수가 가구의 규모에 따라 다르게 적용돼야 한다는 것이다. 직장을 못 찾는 (또는 안 찾는) 사람은 이 소득을 받아 생계를 유지한다. 그러다가 고용돼 소득이 생기면 그 소득의 일부가 공제되고, 소득이 어느 한계를 넘어서면 거꾸로 국가에 소득을 바친다. (역소득세라는 용어는 여기서 생겨난 것이다.) 일을 하면 소득이 늘게 마련이다. 그리고 최저소득이 보장되면 복지의 수단으로 생산에 가해지는 압력이 줄어든다. 이렇게 되면 생산은 직접적으로 관련된 노동자들에게 효과적이고 믿을 만한 소득원이 될 수 없으며, 그 결과 최저소득은 생산이 복지수단으로서 감당하지 못하는 부분을 채우게 된다.

『풍요한 사회』, 한국경제신문, 273쪽

이러한 사고방식은 초판을 출간했을 무렵에는 "지평선에 희미한 빛조차 보이지 않았"지만, 제2판이 나온 시점에는 "어느 정도 불가피"한 것으로 여겨진다. 이후 이 책은 때마다 개정되면서 스테디셀러가 되는데, 1998년의 최종판(제5판)까지 이 제언은 철회되지 않고 계속 유지되고 있다. 일본에서도 개정판마다 번역서가 출간되었고 가장 인구에 회자된 경제학자 중 한 사람이 되었으나, 어찌 된 영문인지 유감스럽게도 일본에서는 기본소득을 제언한 부분이 거의 알려져 있지 않다.

고용의 한계와 『미래의 노동』

일본과 달리 북미와 유럽에서는 (갤브레이스와 마찬가지로) 기술혁신에 수반되는 필요노동량 감소라는 사태에 기본소득의 근거를 두는 발상이 확산되고 있다.

영국에서 태어나 미국에서 대중경제학자로 활약한 로버트 시어벌드Robert Theobald는 1963년 출간된 『자유인과 자유시장』에서 성인 1인 연간 1000달러, 아동 1인 연간 600달러의 기본소득을 주장했다. 이는 성인 2인 아동 2인 가족으로 생각했을 때 대략 당시의 빈곤선에 해당하는 금액이다.

또한 그는 1966년 제목부터 『보장소득』인 책을 편집·출간했다. 이 책에서는 노동경제학자 벤 셀리그먼Ben B. Seligman 외에도 시어벌드 등이 기술혁신으로 인해 실업이 증대되는 것에 대해 논하고 있다. 베블런Thorstein Bunde Veblen의 흐름을 잇는 제도파 경제학자인 C. E. 에어즈Clarence Edwin Ayres 역시 글을 실었는데, 그는 1952년부터 보장소득을 주장하고 있다. (〈칼럼 ⑤-2〉 참조)

흥미로운 것은 보장소득이 환경보호에 기여한다는 내용의 논문 말고도 소득이 보장됨으로써 사람들이 창조적인 활동을 할 수 있다고 주장하는 논문이 포함되는 등, 빈곤 해소나 노동 유인 같은 논의와는 다른 새로운 관점이 제시되고 있다는 점이다. 후자에 대해서는, 『자유로부터의 도피』 등으로 유명한 에리히 프롬Erich Fromm과 저명한 미디어이론가 H. M. 매클루언 Herbert Marshall Mcluhan이 글을 실었다.

역시 대중경제학자로서 영국을 중심으로 활동하고 있는 제임스 로버트슨James Robertson도 기본소득을 주장해왔다. 그는 1980년대 유럽의 장기실업을 배경으로, 노동을 고용과 동일시하고 고용을 통해 소득을 얻는 것을 당연시하는 사고방식을 비판한다. 완전고용을 추구하는 것이 비현실적이며 기본소득 도입이 불가피하다는 인식은 갤브레이스와 동일하지만, 갤브레이스에게 없는 새로운 관점은 애초부터 고용이라는 형태가 노동의 존재양식으로서 한계를 갖고 있다고 보며 다른 노동관을 제시하고 있다는 점이다.

1985년 출간된 『미래의 노동』이라는 책에서 그는 "고용으로서의 노동을 조직하는 산업시대의 방법"을 아래와 같이 비판한다. 첫째, 고용은 가정과 일의 괴리를 가져왔고 일하는 당사자의 독립성을 훼손해왔다(의존으로서의 고용). 둘째, 고용은 남성적이고 비인격적인 것으로서 조직되어왔다. 셋째로 고용 중심의 시스템에서 고용되지 않은 사람들(실업자, 주부, 아동)은 열등감을 갖게 되었다.(고용의 배타적 성격) 넷째, 고용 중심 시스템에서 분업과 전문화가 진행됨에 따라 "지역의 일이 그것과 관계없는 곳에서 내려진 결정에 따라 통제를 받"게 되었다.

로버트슨이 고용을 대신할 것으로 제시하고 있는 것은 바로 '자기노동'이라는 노동방식이다.

> 자기노동(ownwork)이란 가치 있고 중요한 활동, 사람들이 스스로 조직하고 통제하는 활동을 의미한다. 이는 대가가 지불되는 것일 수도 대가가 없는 것일 수도 있다. 이는 개인이자 세대 구성원인 사람들에 의해 수행된다. 이는 함께 일하는 집단에 의해 수행된다. 특정 지역에 거주하며 지역의 필요를 충족시키기 위해 일하는 사람들에 의해서도 수행된다. 개인 및 세대의 경우 자기노동은 자영업, 필수적인 가사 및 가족 관련 활동, DIY나 먹거리를 재배하는 것 같은 생산적인 여가 활동, 자원봉사 참여 등을 의미할 것이다. 집단의 경우 자기노동은 파트너로서 함께 일하는 것, 어쩌면 지역기업이나 협동조합에서 또는 자신이 개인적으로 관심을 갖고 있고 개인적인 중요성을 부여하는 사회적·경제적·환경적·학문적 목적을 띤 다른 수많은 활동에서 함께 일하는 것을 의미할 것이다. 지역사회에서 자기노동이 갖는 중요성은, 그것이 지역의 자립 즉 지역의 일을 통해 지역의 필요를 충족시키는 로컬 역량 증가에 그리고 외부 고용

주 및 공급업자에 대한 의존성 감소에 기여한다는 점이다.

로버트슨, 『미래의 노동』, 1985 [영어 원문 번역]

단순히 고용 감소를 기본소득으로 보완하는 것만으로는, (1) 고용노동에 종사하는 사람과 그렇지 못한 사람의 구분과 (2) 시장에서의 소비 중심 생활양식은 바뀌지 않을 것이다. 이러한 구분은 고용노동에 종사하고 있지 않은/종사할 수 없는 사람들에게 계속 열등감을 안겨준다는 것 자체로도 바람직하지 않지만 그뿐만이 아니다. 피고용자 사이에 기본소득 재원 부담에 대한 불만을 키우는 결과가 된다. 소비 중심 생활양식이 급부해야 할 기본소득 액수를 계속 높이면서, 기본소득의 지속가능성에 노란불이 켜지게 되는 것이다.

이와 달리 자기노동을 증대시키고자 하는 로버트슨의 방향성은 (1) 노동＝고용이라는 가치관에 따른 노동자/비노동자 구분을 해소하고 (2) 시장에서의 소비가 생활에서 차지하는 비율을 줄이기 때문에, 생활을 충족하는 소득인 기본소득 급부액이 낮아도 그 자체로 충분할 가능성이 있다.(앞의 책)

이처럼 갤브레이스가 먼저 제시한 고용량 감소라는 불가피한 방향성에 기본소득을 위치시키는 논의는, 현재 새로운 노동의 존재양식을 전망하는 논의로 발전하고 있다.

갤브레이스의 논의에서는 앞서 인용한 대로 '고용 불가능한 사람'이라는 잔여 범주에 속했던 '임금노동에 종사하지 않겠다'는 선택을, 보다 긍정적인 의미를 갖는 것으로 재정의하고 있다. 이런 점들은 제2장에서 소개한 여성들의 운동이 가사노동 같은 부불노동의 가시화를 수행했던 것과도 상응한다.

누가
무임승차자인가

앳킨슨의 참여소득

가사노동이나 다른 부불노동도 노동으로 인정된다면, 경제학에서 자주 등장하는 무임승차자(free rider) 문제도 다른 양상을 보일 것이다.

넉넉한 복지급부는 노동(=임금노동)하지 않고 급부에 의존하는 사람을 늘린다는 것이 통상적으로 이야기되는 무임승차자 문제이다. 그러나 부불노동을 고려하게 되면 양상은 달라진다. 제2장에서 살펴본 아이 6명을 키우면서 복지수급을 받고 있는 비혼모는 통상적으로는 무임승차자로 여겨지지만, 그녀는 육아라는 노동을 훌륭히 해내고 있다는 점에서 무임승차자가 아니다. 이러한 논의에 일견 어울릴 것 같은 제안으로, 조건부 기본소득이 있다.

영국의 경제학자 앳킨슨은, 1절에서 다룬 BI/FT에 대한 고찰을 공공경제학의 입장에서 발전시켜왔다.[6] 나아가 그는 기본소득이 오랫동안 주장되고 있음에도 아직 현실 제도로 도입되지 않는 이유로 두 가지를 드는데, 바로 (1) 사회보험에 대한 사람들의 높은 지지와 (2) 기본소득이 조건 없이 급부된다는 점에 대한 혐오감/우려이다.

이러한 기본소득의 (경제적/제도적 불가능성이 아니라) 정치적 불가능성이라고 할 만한 측면을 피하고 기본소득적인 방향으로 제도를 바꿔나가기 위해서, 앳킨슨은 '참여소득'이라 불리는 '타협'안을 제시한다. 이는 자산조사를 하지 않는다는 점과 개인단위로 급부한다는 점에서는 기본소득과 동일하지만, 얼마간의 사회공헌 및 사회참여를 급부의 요건으로 삼는다. 구체적인 예는 아래와 같다.

- 피고용자 또는 자영(自營)노동
- 질병 및 상해에 의한 노동불능
- 장애에 의한 노동불능
- 실업
- 교육 및 직업훈련 중

---

6 가령 Anthony B. Atkinson, *Public Economics in Action: The Basic Income/ Flat Tax Proposal*, Clarendon Press, 1995. 앤서니 B. 앳킨슨(Anthony Barnes Atkinson, 1944~2017)은 일관되게 불평등 분석에 매진해왔다. 뒤에서 다룰 참여소득에 대해서는 Anthony B. Atkinson, "Participation Income"(*Citizen's Income Bulletin*, no.16., 1993)을 참조하라.

- 아동·고령자·장애인 등 피부양자 돌봄
- 자원봉사

　나아가 앳킨슨은 "기본소득을 사회보험의 대체안으로 여기는 것은 잘못된 생각이며, 기본소득과 사회보험을 상호보완적이라 생각하는 것이 생산적"이라고 말한다. 사회보험과 공적부조로 이루어진 시스템을 기본소득으로 치환한다는 발상이 보통인데, 그는 기본소득이 공적부조를 거의 대체하는 형태로 삽입되는 제도를 생각하고 있는 것 같다. 다시 말해 기초적인 소득보장이 기본소득을 통해 이루어지고, 그 윗부분이 사회보험 방식으로 이루어지는 2층 구조인 것이다. 공적부조 역시 (적어도 당분간은) 폐지되지 않을 것이다.

　『베버리지 보고』에서 원래 공적부조가 예외적이자 일시적인 것으로 자리매김했던 것처럼, 현재의 맥락에서 공적부조를 예외적인 것으로 두기 위해서는 기본소득이 필요하다는 것이다. EU 수준의 최저소득 보장은 공적부조가 아니라 기본소득(혹은 참여소득)을 통해 이루어져야 한다고 앳킨슨은 주장한다. 그는 영국의 맥락에서 현실적인 제안을 내놓는데, 소득공제 폐지, 사회보험료 소득비례부분 상한 철폐, 누진세율 유지, 모든 아동에 대한 기본소득, 성인에 대한 참여소득이라는 '부담 + 급부 조합'을 제시한다.

　기본소득 급부를 무상사회서비스 수행과 결부시키는 참여소득 제안은, 미국의 경제학자 새뮤얼 볼스Samuel Bowles와 허버트 긴티스Herbert Gintis의 지지를 받고 있기도 하다. '지급을 받을 만한 무상노동과 그렇지 않은 무상노동을 누가 결정하는가'라는 문제제기에 대해 앳킨슨은 침묵하고 있는데, 볼스와 긴티스는 정부가 아니라 비영리단체가 결정하는 안을 제시하고 있다.[7]

앳킨슨의 입장에서는 '타협안'으로 제시된 참여소득이지만, 부불노동에 대한 평가 등을 추구하는 입장에서는 오히려 기본소득보다 본질적으로 우수하다고 인식될 가능성도 있다. 다만 이런 입장에서는, 가령 임금노동에 종사하고 부불노동을 하지 않는 사람과 부불노동에 종사하느라 임금노동에 쓸 시간이 없는 사람이 동일한 액수의 참여소득을 받는 것에 오히려 불만이 남을 것이다.

앞서 언급한 무임승차자라는 레토릭의 예를 들면, 비혼모가 무임승차자가 아니라는 점은 사태의 일면에 지나지 않는다. 예컨대 '가사·육아를 아내에게 맡겨놓고 나 몰라라 하는 직장인은 무임승차자가 아닌가'라는 물음과도 연결된다. 이 점을 더 밀고 나가면, 직장인에게 급여와 기본소득(또는 참여소득)의 이중수급을 허용하지 말고 돌봄 급부금 같은 것을 지급하는 것이 바람직하다고 할 수도 있다. 논의가 여기까지 진행되면 기본소득과는 상당히 다른 것이 되므로 이 이상은 다루지 않겠다.

흥미롭게도 제2장에서 다룬 운동은, 논리는 '가사노동에 임

---

7 Samuel Bowles and Herbert Gintis, 『平等主義の政治経済学』(遠山弘徳訳), 大村書店, 1998.

금을'이었지만 요구한 것은 조건 없는 기본소득이었다. 그녀들은 이념으로는 돌봄 급부금 같은 것을 추구했으나, 그것을 구체화할 때는 피할 수 없는 케이스워커의 선별 작업이 싫어 '타협안'으로서 기본소득을 요구했던 것일지도 모른다.

어쨌든 가사노동 등 현재로서는 부불노동인 활동도 노동으로 인정받게 되면, 지금껏 무임승차자나 노동유인과 관련하여 진행된 논의들은 크게 달라질 수밖에 없다. 또한 지금까지 노동 복지 정책을 정당화해왔던 작업들도 더 이상 진행하지 못하게 된다. 기본소득은 복지수급을 하면서 육아에 전념해온 비혼모들을 낙인으로부터 해방시키고, 임금노동과 육아 사이에서 시간을 분배하느라 고생해온 사람들에게 여유를 선사할 것이다. 그리고 이러한 부불노동에 참여하지 않았던 직장인들에게 부불노동 참여를 하나의 선택지로서 제공할 것이다.

그러나 기본소득이 할 수 있는 것은 선택지를 제공하는 것일 뿐, 지금까지 타인의 부불노동에 '무임승차'해온 직장인들이 무임승차를 계속하면서 기본소득을 받을 수도 있다. 이런 의미에서 기본소득이나 참여소득이 그 자체로 부불노동 무임승차자 문제를 해결할 수 있는 것은 아니지만, 기존의 복지국가나 작금의 노동복지적 방향성보다는 낫다고 말할 수 있다.

급부형 세액공제
─ 현실화된 부분적 기본소득?

흥미로운 동향

마이너스 소득세나 기본소득 같은 제안은 북미에서는 보장소득이라는 이름으로 인구에 회자되었으며, (〈칼럼 ⑤-1〉에서도 소개되겠지만) 많은 경제학자 역시 이를 바람직한 정책으로 여겼다. 그리고 정치적으로도 도입 일보 직전에 있었다.

공화당의 닉슨 대통령이 라이벌인 민주당 존슨 정권의 복지개혁 입안자였던 모이니핸Daniel Patrick Moynihan을 기용해 청사진을 그리게 한 것이, 바로 가족지원계획(Family Assistance Plan, FAP)이다. 이는 아동이 있는 저소득세대에 한하여 마이너스 소득세를 적용하자는 제안이었다. 1969년에 제안되어 이듬해 하원에서 가결되었지만, 주로 남부 보수파의 저항에 부딪혀 실제로는 달성되지 못했다. 그리고 제2장에서 다룬 전국복지권단체의 비혼모들도 공청회 등에 불려갔었지만 낮은 액수 등에 반발하여 반대했다. 1972년 대통령선거에서는 민주당 맥거번 George Stanley Mcgovern 후보가 데모그랜트라는 이름으로 기본소득을 주장했으나 실패했다.

그러나 부분적인 마이너스 소득세라 할 수 있는 저소득자를 위한 급부형 세액공제 제도가 그 후 미국과 영국 등에서 도입되었다. 미국에서는 근로소득세액공제(Earned Income Tax Credit, EITC)[8]라는 제도가 1975년에 도입되었다. 도입 당시에는 아이가 있는 노동자만 대상으로 하는 한시법이었으나 사후 환급뿐 아니라 사전 급부도 도입되는 등 차츰 확대되어, 현재는 소액이지만 아이가 없는 노동자에게도 급부되고 있다.

예컨대 2007년도에는 아이가 2명인 세대의 경우 근로소득의 최고 40%가 급부된다. 2004년 기준, 공제를 받고 있는 세대 수는 약 2천만 세대이다. 포착률은 조사에 따라 차이가 있지만 60~80%로 오른 것으로 보이며, 아이가 한두 명인 세대로 한정하면 90% 이상으로 나오는 데이터도 있다. (일본의 경우 생활보호제도 포착률은 20% 정도이고 수급세대 수는 약 백만 세대에 불과하다는 점을 떠올려보라.) 게다가 미국 전역에서 20여 개 주(州)가 주 단위로 동일한 제도를 실시하고 있다. (단, 이 중 몇몇 주는 비급부형이다.)

영국에서는 노동당이 집권하는 동안 1999년에는 근로가정세액공제와 장애인세액공제가, 2001년에는 아동세액공제가 도입되었다. 2003년에는 근로세액공제(Working Tax Credit, WTC)와 아동세액공제(Child Tax Credit, CTC)[9]로 개편되었다. 근

---

8 이 제도에 관한 자세한 내용은 根岸毅宏, 『アメリカの福祉改革』(日本経済評論社, 2006)을 참조하라.

9 이 제도에 대한 서술은 주로 田中聡一郎, 「ワークフェアと所得保障: ブレア政権下の負の所得税型の税額控除の変遷」(埋橋孝文編著, 『ワークフェア: 排除から包摂へ?』, 法律文化社, 2007)에 기초한 것이다.

로세액공제는 25세 이상 주 30시간 노동이 조건이며 16세 이하의 자녀가 있거나 장애인일 경우에는 16세 이상 주 16시간 노동을 조건으로 하는 등, 연령과 노동요건이 느슨해지고 있다. 아동세액공제는 16세 이하의 아동 또는 19세 이하의 학생이 있는 것을 조건으로 한다. 두 제도를 합하여 2004년 588만 세대가 수급하였고, 포착률은 2003년 기준 87%대라고 한다. (게다가 영국은 일본의 생활보호와 거의 똑같은 소득지원제도의 포착률도 80%가 넘는다.)

가령 세후 근로소득이 주 70파운드라고 가정하면 1인 가구는 근로세액공제로 약 50파운드를, 비혼부모 가구는 근로세액공제와 아동세액공제를 합쳐 약 100파운드를 받게 된다. 최저임금에 대해 이야기할 때 일본이 미국과 유럽 국가들보다 낮다는 점이 곧잘 화제가 되는데, 그것은 급부형 세액공제가 포함되지 않은 금액이다. 그러니 이 제도가 도입되어 있는 나라와의 실제 소득 차는 최저임금 액면 차이보다 큰 것이다.

이러한 급부형 세액공제는 미국과 영국 외에도 프랑스, 뉴질랜드, 슬로바키아 등에 도입되어 있다. 모두 '복지에서 노동으로'라는 노동복지적 방향성 속에서 실현된 시스템이다. 또한 노동유인을 중시하는 소득보장제도라는 의미에서, 프리드먼식의 마이너스 소득세의 부분적 실현으로 봐도 좋을 것이다. 미국의 경우 노동을 하는 것이 조건인 반면 영국에서는 아동세액공제처럼 노동이 조건이 아닌 시스템도 탄생하는 등, 흥미로운 동향을 보이고 있다.

기본소득과
세제

재원에 대한 문제제기는 한낱 '협박'일 뿐

기본소득 이야기를 할 때 자주 나오는 것은 '재원은 어떻게 할 것인가'라는 질문이다. 신기한 것은, 돈이 드는 이야기를 할 때 항상 그런 질문이 나오는 것은 아니라는 점이다. 국회 회기가 연장되어도, 국회를 해산하고 총선거를 해도, 핵무장을 하자고 해도, 은행에 공적자금을 투입하는 데도, 연금 기록을 대조하는 데도, 모두 돈이 든다. 하지만 그렇다고 해서 '재원은 어떻게 하냐고!'라며 따지고 드는 경우는 거의 없다.

이렇게 특정 주제(생활보호 같은 복지급부나 기본소득 등)에만 재원 문제가 등장하는 모습을 보고 있으면, 때때로 재원 문제를 꺼내는 이유가 재원을 어떻게 조달할 것인지에 대해 논의하려는 것이 아니라 그냥 상대방의 입을 다물게 하려는 것이라는 생각을 떨칠 수가 없다.

보통선거제를 시행하는 데도 공교육 제도를 실시하는 데도 예산이 필요하다. 그러나 재원 문제를 핑계로 이런 제도를 포기하지는 않는다. 왜냐하면 그것이 필요하다는 합의가 존재하기 때문이다. 그것이 필요하다는 합의가 이루어지면, 다른 예산을 삭감하거나 증세를 하거나 기채(起債)를 해서 그에 알맞은 재원을 조달하면 된다는 말이다.

앞의 내용을 전제로 하여, 기본소득과 세제에 대해 어떤 논의들이 이루어지고 있는지 소개하고자 한다. 어떤 조세가 바람직한지에 대한 논의는 어떤 사회를 바람직하다고 생각하는지 그리고 어떤 시스템을 공평하다고 생각하는지와 직결되며, 바로 그 점에서 기본소득 등의 소득보장 논의와 밀접하게 연결되어 있기 때문이다.

정률소득세론

1절 후반부에 BI/FT라는 경제학자의 제안을 소개했다. 기본소득과 정률소득세의 조합이 노동유인을 저해하지 않는 복지·세제 시스템이라는 논의이다. 이러한 입장은 반드시 정률소득세만으로 기본소득 재원을 마련해야 한다고 논리적으로 귀결되는 것은 아니지만, 그렇게 상정되는 경우가 많다.

노동유인의 증대라는 동기 외에도, 개인과 국가 사이에 돈이 오고 가는 것(조세와 사회보장급부)을 합리화한다는 동기로 유사한 제안에 도달하는 논의도 있다. 사회보장도 세금도 개인과 국가 간에 돈이 오고 가는 것이다. 보험료도 소득세도 개인에게서 국가로 돈이 흘러들어가는 것이다. 반대로 사회보장 급부는 물론 세제상의 소득공제나 세액공제도, 논리적으로는 국가에서 개인에게로 돈이 흘러들어가는 것이다. 예컨대 세제상의 부양공제 중 아동에 관한 부분과 사회보장의 아동수당은, 성책 목적이 같기 때문에 통합하는 것이 효율적이라고 본다.

또한 노동유인 증대나 조세·사회보장 합리화를 가장 큰 목표로 삼지 않아도, 기본소득의 재원을 정률소득세로 마련한다는 발상은 기본소득 재원론 중에서 가장 자주 논의되고 있다. 가령 일본을 놓고 기본소득 시뮬레이션을 하고 있는 오자와 슈지小澤修司의 논의나 영국의 기본소득 추진 네트워크인 '시민소득트러스트'의 제안 등이 그렇다.

재분배중시론

기본소득과 정률소득세의 결합은, 고소득층의 경우 절대적으로든 상대적으로든 현행 제도보다 조세부담이 가벼워진다. 재분배를 중시하는 입장에는 기본소득과 누진소득세를 합쳐야 한다는 의견도 존재한다. 제2장에서 소개한 1970년 후반의 사회운동의 경우, 조세론이나 재원론을 그렇게 깊게 고려하지는 않았지만 누진소득세를 불신하지는 않았던 것으로 보인다. 또한 최근에는 미국의 철학자 리엄 머피Liam Murphy와 토머스 네이글Thomas Nagel이 조세 정의를 다룬 책에서 기본소득과 누진소득세의 결합을 제언하고 있다.[10]

---

10 자세한 내용은 山森亮, 「租税原理神話を超えて: マーフィー&ネーゲル『税と正義』におけるベーシック・インカムの提言」(『思想』 no.1002., 岩波書店, 2007)을 참조하라.

소비세론

소비세를 통해 기본소득을 조달해야 한다고 주장하는 사람들도 있다. 더 정확히 말하자면, 소득세와 법인세를 폐지하고 소비세로 일원화하는 세제 개혁과 기본소득을 결합시키자는 이야기이다. 그 이유는 첫째로, 투자 → 생산 → 소비라는 경제활동 속에서 소득세와 법인세는 중간 단계에 부과되는 세금이기 때문에 경제활동을 왜곡시키기 쉽지만 소비세로 일원화하면 경제활동 최종 단계에서만 세금이 부과되기 때문에 경제활동을 왜곡시키기 힘들다는 것이다.

'법인세가 폐지되면 기업이 지금보다 이득을 보는 것 아닌가', '소비세의 세율이 높아지면 물가가 오르는 것 아닌가'라는 우려가 존재하는데, 이에 대해서는 현재의 법인세 구조에서도 그 부담분이 재화·서비스에 전가되고 있으며 현실적으로는 소비세가 이를 부담하고 있다고 설명한다. 법인세가 존재해도 세금의 귀착점은 결국 소비자이기 때문에, 소비세로 바꾸어도 부담하는 주체는 그대로이며 그 투명성이 높아질 따름이라는 것이다.

이 첫 번째 이유를 경제학적 이유라 한다면, 두 번째 이유는 보다 철학적인 이유이다. 사회적인 가치를 창출하는 데 과세를 할 것이 아니라, 창출된 사회적 가치를 소비하는 데 과세를 해야 한다는 것이다. 이러한 관점에서 보면, 소득세와 법인세는 가치 창출에 대한 과세이기 때문에 바람직하지 못하고 소비세가 이치에 맞는 것이 된다.

이렇게 소비세론과 기본소득을 엮는 논의는 독일에서 활발하게 이루어지고 있다. 독일의 드럭스토어 체인 소유주인 괴츠 W. 베르너Götz W. Werner, 그리고 경제학자로는 볼프강 아이히호른Wolfgang Eichhorn이 이런 입장을 취하고 있다.[11] 또한 독일에서 기본소득을 추진하고 있는 단체인 '완전고용이 아니라 자유를'에도 이런 입장에 찬성하는 사람들이 있다. 이에 더해 세 번째 이유로, 정치적인 이유가 있을 것이다. 즉 소득세, 법인세, 고정자산세 등에 비해 소비세가 증세하기 쉽지 않겠냐는 사고 방식이다.

환경중시론 외

앞서 다루었던 로버트슨은, 잉글랜드 녹색당의 폴 에킨스Paul Ekins 등과 함께 기존의 성장 중심 경제학을 넘어서는 시도를 진행하는 등 환경문제에도 주력해왔다. 1990년대에 들어 노동·사회적 배제·재분배 문제로서의 기본소득을 환경문제와 결부시켜 사고하게 되었고, 그런 입장에서 1994년 세제와 기본소득에 관한 포괄적인 구상안을 제시한다.

그 제안에 따르면, 먼저 기존의 소득세·법인세·부가가치세 등은 폐지된다. 이것들은 개인이나 기업이 창출한 가치에 대한 과세이다. 새로이 가치를 창출하는 일에 왜 과세를 하는가. 그

11　자세한 내용은 베르너의 편저 Götz W. Werner, 『ベーシック・インカム：基本所得のある社会へ』(渡辺一男訳, 現代書館, 2006)를 참조하라.

게 아니라, 지구의 희소자원을 이용하는 일이나 환경오염에 과세를 해야 한다. 이것이 바로 로버트슨의 주장이다. 구체적으로는 토지가치세와 에너지세를 주장하는데, 토지가치세는 토지의 임대가격(지대)에 대한 과세이고 에너지세는 석탄·석유·천연가스·원자력 등을 사용하는 것에 대한 과세이다. 토지가치세든 에너지세든 지구상의 희소한 공유자원을 이용하는 것에 대한, 즉 지구로부터 가치를 뽑아내는 것에 대한 과세로서 위치 지어진다. 이러한 논의는 제4장에서 살펴보았던 18세기 토머스 페인과 토머스 스펜스의 주장 — 공유자산인 토지를 사유·점유하는 것에 대한 과세와 이를 재원으로 하는 기본소득 구상안 — 을 떠올리게 한다. 이러한 의미에서 기본소득론의 역사를 잇는 정통적인 논의라고 할 수 있을 것이다.

나아가 탄소세 등 유사한 형태의 환경세나 국제통화거래에 대한 과세인 토빈세(Tobin's tax) 등을 지구적 규모의 기본소득 재원으로 삼는 논의도 존재한다. 이에 대해서는 다음 장에서 다루기로 하자.

＊＊

일하지 않는 자, 먹지도 말라.

이번 제5장에서 살펴보았듯 기본소득을 향한 이러한 비판에 대해 경제학자들은 실로 흥미로운 답변을 내놓고 있다. 작금의 일본에서는 '경제학자란 복지나 사회보장에 관해서는 정부지출을 어떻게 줄일지 제언하는 존재'로 굳어져 있다. 이러한 상황에서 답변을 듣기보다 상대방의 입을 다물게 하기 위해 꺼내는 것이 바로 재원론이었다.

노벨경제학상 수상자인 프리드먼은 기본소득형 정책인 마이너스 소득세를 제안했고, 이것이 기존의 보험·보호 모델보다 비용이 적게 든다는 흥미로운 주장을 했다. 또한 재원론과는 별개로 어떤 세제+사회보장 조합이 더 공정한지/효율적인지에 대한 논의가 심화되고 있으며, 기본소득형 정책과의 결합으로서 다양한 세제가 논의되고 있다.

여기에는 기본소득의 주된 목적으로 생각되어온 빈곤 해소와 성평등 실현뿐 아니라 다른 사회문제들을 바로잡는 것과 관련된 논의도 있다. 그중 가장 널리 논의되고 있는 것이 바로 환경문제이다. 이에 대해서는 다음 장에서 살펴보기로 하자.

- 경제학자들은 기존의 복지국가 시스템(보험·보호 모델)에 빈곤의 덫 등 (임금)노동유인을 저해하는 요소가 있다고 주장해왔다.

- 노동유인을 더욱더 높여가면서 소득을 보장할 수 있는 제도로서, 마이너스 소득세 등 기본소득형 정책이 경제학자들에 의해 대안으로 주장되었다.

- 기술혁신 등으로 인해 사회가 필요로 하는 노동량이 감소하는 경향을 보이고 있으며 고용을 전제로 한 기존의 복지국가 시스템(보험·보호 모델)이 제대로 굴러갈 수 없는 상황이 도래하고 있다고, 일부 경제학자들은 주장해왔다.

- 필요노동량이 감소하는 사회에 더 알맞은 소득보장 시스템으로서 기본소득이 논의되어왔다.

- 기본소득의 무조건성은 정치적 지지를 얻기 힘들 것이라는 입장에서, 얼마간의 사회공헌을 조건으로 한 참여소득을 주장하는 경제학자도 있다.

- 기본소득형 정책은 부분적으로 도입되어왔는데, 영국과 미국의 급부형 세액공제가 그 일례이다.

- 기본소득과 세제의 관계에 있어, 정률소득세·누진소득세·소비세·환경세 등이 논의되고 있다.

기본소득을 주장하는
사람은 비주류 경제학자?

일본의 '주류' 경제학자 중에 기본소득 같은 것을 주장하는 경제학자들이 있는지, 있더라도 비주류 학자들이지 않은가, 하는 말을 때때로 듣곤 한다. 프리드먼도 스티글러도 노벨경제학상 수상자이지만, 노벨경제학상 수상자 중 앞서 다룬 미드를 비롯해 제임스 토빈James Tobin과 허버트 A. 사이먼Herbert Alexander Simon도 기본소득을 주장했다. 그리고 본문에서도 소개했듯이 노벨경제학상수상자인 스티글리츠가 집필한 경제학 교과서에도 BI/FT가 '누진정률세'로 소개되고 있다. 노벨경제학상에 대해 평가가 갈릴 수는 있으나, 적어도 그들을 뭉뚱그려 '비주류'나 '이단'이라고 정리해버리는 것은 무리이지 않을까.

또한 특정한 경제학적/정치적 입장만 기본소득을 지지하는 것은 아니다. 프리드먼은 신자유주의자를 자처한 자타공인 우파 경제학자이다. 갤브레이스는 대중경제학자 시어벌드에게

'극보수'라고 비판받았지만, 미국의 강단경제학자 사이에서는 오히려 왼쪽에 서 있는 대표적인 경제학자로 알려져 있다. 프리드먼은 한 인터뷰에서 경제학자들의 처방전이 제각각이라고 비꼬는 말을 들었을 때 갤브레이스와도 일치하는 점이 있다고 답한다.

이것은 곧 프리드먼이 '갤브레이스가 자신의 대척점에 있는 것은 사회가 그렇게 위치 지은 것'이라고 생각했음을, 그리고 그럼에도 불구하고 일치점이 있다고 인식했음을 보여준다. 그러한 일치점 중 하나가 바로 마이너스 소득세를 포함하는 광의의 기본소득(당시는 보장소득이라고 불렸다)이었다. 1968년 5월에는 미국의 경제학자 폴 새뮤얼슨Paul Samuelson, 토빈, 갤브레이스가 1200명이 넘는 경제학자들과 함께 보장소득이 경제적으로 실현 가능하며 바람직하다는 성명을 낸다. 미국의 1200여 명의 경제학자들을 '비주류'라든가 '특정 학파의 정치적 입장'이라고 정리해버리는 것 또한 무리일 것이다.

기본소득의 단절의 역사

기본소득은 역사 속에 반복적으로 등장하지만 계승과 함께 단절도 많았다. 이 책에서는 그 실을 잇는 것에 역점을 두고 있지만 단절이 더 특징적일지도 모르겠다.

예컨대 현재 기본소득에 착목하고 있는 학자 대부분은 제2장에 소개된 운동들을 모르거나 무시한다. 상아탑에 국한시키더라도, 가령 영어권 경제학자·철학자가 이 책의 제3장에서 다룬 사상가를 언급하는 일은 거의 없다. 일본의 제도권 학문에는 자랑할 만한 지성사·사상사 연구의 전통이 존재하지만, 유감스럽게도 제4장에서 다룬 사상가들이 기본소득을 또는 기본소득과 유사한 주장을 했다는 사실은 거의 언급되지 않았다.

예를 들어 (경제학·정치학·철학을 불문하고 지성사 연구에서 연구 대상으로 확고한 위치를 점하고 있는) 존 스튜어트 밀은 제4장에서 다룬 것처럼 기본소득에 대해 언급하고 있는데, 이것이 회고되는 경우는 거의 없는 것 같다. 이 외에도 잊힌 사상가라고 불릴 만한 사람들이 많이 있을 것이다. 이번 제5장 2절에서 다룬 에어즈 역시 그 일례이다. 그는 베블런의 뒤를 잇는 미국의 제도권 경제학자로 1952년 보장소득과 유사한 '기본독립소득'을 제안했지만, 웬일인지 작금의 기본소득 연구에서 회고되는 일이 거의 없다.

남반구, 녹색, 불안정성

기본소득 운동의 현재

제1장부터 제5장까지 기본소득이 현행 복지국가의 대안으로서 논의되어왔으며(제1장), 실제로 복지수급자나 여성들의 운동 속에서 요구되어왔고(제2장) 그러한 운동으로부터 새로운 사상이 생겨났다(제3장)는 것을, 그리고 기본소득이 200년 남짓 논의되어온 오랜 역사를 갖고 있다(제4장)는 점과 경제학자 사이에서도 논의되고 있다(제5장)는 사실을 살펴보았다. 마지막 장인 제6장에서는 기본소득 요구를 둘러싼 운동의 현재를, 남반구(global south), 녹색綠色, 불안정성이라는 세 가지 키워드로 소개하고자 한다.

먼저 1절(기본소득 지구네트워크와 남반구)에서는 최근 기본소득 지구네트워크 대회의 모습을 토대로 기본소득을 둘러싼 논의들의 현황을 파악하면서, 선진국뿐 아니라 이른바 개발도상국 또는 '남반구'에 속하는 나라들의 기본소득 동향을 소개한다.

2절(녹색의 기본소득)에서는 '녹색'이라는 단어로 상징되는 1968년 이후의 새로운 사회운동과 그 속에서 자라난 가치가 현재 기본소득과 어떤 관계를 맺고 있는지를 개관한다. 환경을 중시하는 입장에서 보면 화폐중심의 경제는 비판의 대상이 되기 마련이다. 그래서 '기본소득 같은 화폐경제에 사로잡힌 사고의 산물은 지지받지 못하지 않을까'라는 의문이 존재할 수 있지만, 사태는 그렇게 단순하지 않다.

3절(복지권 운동 그 이후와 프레카리아트 운동)에서는 제2장에서 다룬 여성들의 운동 그 이후와 지구화 아래 새로이 생겨난 운동 속에서 일고 있는 기본소득 요구에 대해 소개한다. 지금 어떤 운동들이 기본소득을 주장하고 있는지 살펴보기로 하자.

기본소득 지구네트워크와
남반구

기본소득 세계대회

2008년 6월 아일랜드의 수도 더블린에서 기본소득 지구대회가 개최되어, 각국의 정치인, 학자, 종교관계자, 환경보호 활동가, 빈곤·개발·여성문제 관련 NGO관계자 등 300여 명이 한자리에 모였다. 주최는 '기본소득 지구네트워크(Basic Income Earth Network, BIEN)'였다. 이 단체는 당초 '기본소득 유럽네트워크'로 1986년에 발족되었다.

이에 앞서 영국에서는, (제2장에서 다룬) 청구인조합운동에 참여했고 이후 학자가 된 빌 조던Bill Jordan과 기독교 관계자 등이 주축이 되어 '기본소득 연구그룹'을 만들었다. 유럽대륙에서는 장기실업이 지속되는 가운데, 벨기에에서는 '푸리에 컬렉티브'라는 지식인집단이 기본소득에 대해 논의를 진행하고 있었고 네덜란드에서는 실업자 운동 내에서 기본소득이 논의되고 있었다. 그리고 독일과 프랑스의 지식인들 역시 기본소득 또는 기본소득적인 구상안에 대해 논의하기 시작했다. 이러한 움직임들이 맞물려 성립된 것이 바로 '기본소득 유럽네트워크'이다. 이후 격년으로 국제대회를 개최하였고, 2004년에 열린 바르셀로나 대회에서 '기본소득 지구네트워크'로 명칭을 변경하여 오늘날에 이르게 되었다.

더블린 대회는 '기본소득 유럽네트워크' 시절을 포함하여 통산 12번째 대회이다. 전지구적 기본소득 논의의 일면을 다루기 위한 실마리로, 이 대회에 어떤 사람들이 참가했고 어떤 논의들이 진행되었는지 개관해보자. 양일간의 대회에는 세계 각지에서 300여 명의 사람들이 참석했다. 유럽 및 북미 국가들은 물론 멕시코, 브라질, 아르헨티나, 남아프리카공화국, 일본 등에서 참여했다.

첫째 날 아침 개회세션에서 맨 처음 연단에 오른 사람은 영국의 사회정책학자 피터 타운센드Peter Townsend였다. 그는 1950년대부터 1970년대에 걸쳐 '상대적 빈곤' 개념을 주장하고 정교화하여 선진국에서의 '빈곤의 재발견'이라는 흐름의 한 축을 담당했으며, 이후에는 전지구적 빈곤 문제에 몰두해왔다. 그다음은 영국 출신으로 미국에서 활약하고 있는 페미니스트

이론가이자 정치철학자인 캐럴 페이트먼Carole Pateman이었다. 그녀는 자유민주주의 사회에서 여성의 참여가 실제로는 제한되어 있다는 점을 끊임없이 문제로 제기해왔는데, 최근에는 모든 사람의 충분한 사회참여를 위해 기본소득이 필요하다는 논의를 펼치고 있다. 또 한 사람은 멕시코의 수도 멕시코시티에서 사회개발 관련 요직에 있는 파블로 야네스 리소Pablo Yanes Rizo였다. 그는 멕시코와 볼리비아의 동향 등을 소개하면서 남반구에서 기본소득을 바라보는 시각을 공유하고자 했다.

그런 다음 점심시간을 끼고 10개의 개별세션이 진행되었다. 그리고 저녁세션에서는 기본소득이 어떻게 실현될 수 있는가에 대한 토론이 이루어졌다. 흥미로운 것은 발표자 두 사람이 현역 정치인(그것도 국회의원)이었고 서로 정반대의 정치적 입장에서 기본소득론을 펼쳤다는 점이다.

한 사람은 독일의 국회의원이자 좌파당 부대표인 카트야 키핑Katja Kipping이다. 그녀는 독일의 저명한 혁명가 로자 룩셈부르크Rosa Luxemburg를 인용하면서 기본소득을 정당화했고, 그녀의 입장에서 봤을 때 '오른쪽'에 위치한 사회민주당이 기본소득보다 고용에 집착하며 노동복지 정책을 도입한 것을 비판했다.

다른 한 사람은 캐나다의 보수당 소속 국회의원 휴 시걸Hugh Segal로, 그는 (제5장에서 다룬) 프리드먼 등 '우파' 논객들의 논의를 참조하면서 기본소득을 정당화했으며 캐나다에서 좌우파를 막론하고 기본소득 도입의 기운이 고조되고 있음을 소개했다. 실제로 캐나다에서 온 다수의 참가자를 볼 수 있었는데,

보수당과는 정치적 입장이 상당히 다른 사회민주당 소속 국회의원 말고도 녹색당 정치인, 빈곤퇴치 NGO, 페미니스트 학자, 종교관련 NGO 등 다양한 사람이 참여했다.

그날 밤에는 아일랜드 환경부 청사에서 환경부 장관 존 곰리John Gormley의 주최로 환영 리셉션이 열렸다. 그가 소속되어 있는 녹색당은 기본소득을 강령으로 내걸고 있다. 이 대회에는 아일랜드 녹색당 외에도 잉글랜드 녹색당, 웨일스 녹색당, 캐나다 녹색당 등이 참여했는데, 녹색당과 기본소득에 대해서는 다음 절에서 상세히 살펴보기로 하겠다.

둘째 날에는 15개의 개별세션이 진행되었는데, 오전에는 아일랜드 외무부의 해외원조담당관 피터 파워Peter Power, 브라질 사회개발기아퇴치부의 호자니 쿠냐Rosani Cunha 남아프리카공화국 사회개발부 차관 진 스원슨-제이콥스Jean Swanson-Jacobs 등 정부 요직에 있는 사람들이 주도하여 '남반구'의 기본소득을 다루는 세션이 있었다. 그리고 마지막 세션에서는 벨기에의 정치철학자 필리페 판 파레이스와 ILO 요직에 있었던 가이 스탠딩Guy Standing, 브라질 상원의원 에두아르두 수플리시Eduardo Suplicy 등 지금까지 기본소득지구네트워크를 이끌어 온 중심인물들과 대회 주최 측인 아일랜드 종교인회의 정의위원회 대표 숀 힐리Sean Healy 등의 발언으로 이틀에 걸친 논의가 마무리되었다.

총 25개의 개별세션에는 지역별 세션(브라질, 캐나다, 유럽 등), 주제별 세션(젠더와 돌봄, 연금과 기본소득, 세제와 기본소득, 환경과 기본소득, 삶의 의미와 기본소득 등), 철학적 측면을 다룬 세션(자유와 상호성 문제, 전지구적 규모의 정의론正義論 등), 실현 가능성을 둘러싼 제도적 측면을 다룬 세션 등이 있었으며, 각각에서 열띤 토론이 벌어졌다.

또한 이 양일간의 대회에 앞서 같은 장소(유니버시티 칼리지 더블린)에서, 기본소득을 주제로 한 아일랜드 종교인회의 정의위원회의 사회정책모임이 열렸다. 경제학자의 기본소득 시뮬레이션뿐만 아니라 '재계 및 노동조합의 입장에서 기본소득을 어떻게 볼 것인가'라는 주제의 발표도 있었다. 아일랜드는 1990년대 후반부터 기본소득 도입을 둘러싼 논의가 활발했으며, 2002년에는 기본소득에 대한 정부 백서까지 출간되었다.(제1장 참조) 이러한 사정을 반영하듯 그 모임은 성황을 이루었다.

기본소득 지구네트워크는 개인별로 가입하는 조직이지만 각국 네트워크 단체들의 느슨한 연대가 형성되어 있다. 더블린 대회 전까지 기본소득 지구네트워크의 승인을 받은 단체는 앞서 언급한 영국(1984년 결성, 이하 연도는 결성 연도), 그리고 아르헨티나(2004년), 호주(2002년), 오스트리아(2002년), 브라질(2004년), 덴마크(2000년), 독일(2004년), 아일랜드(1995년), 네덜란드(1991년), 스페인(2001년), 스위스(2002년), 미국(1999년) 등 12개국의 단체였다.

일본에서는 2007년부터 네크워크 설립을 위한 움직임(기본소득 일본네트워크 준비연구회)이 시작되었으며, 더블린 대회에 이어 개최된 기본소득 지구네트워크 총회에서 캐나다, 이탈리아, 멕시코와 함께 승인을 받았다.

기본소득 개념의 정교화와 복수성

기본소득 지구네트워크의 20여 년간의 활동을 통해 기본소득 논의가 학문적 정교화를 이루었음은 의심의 여지가 없다. 기본소득 지구네트워크는 판 파레이스 등 분석정치철학자들의 논의를 바탕으로 다음과 같이 기본소득을 정의하고 있다. "기본소득은 모든 사람에게 개인단위로, 노동능력조사나 자산조사 없이 무조건적으로 지급된다."

제2장에서 검토한 1970년대 운동과 크게 다른 점은, 한편으로는 자산조사를 하지 않는다는 점이 운동의 상상력을 뛰어넘어 논리적으로 가져올 귀결을 긍정적이게끔 보장해준다는 점이다.

1970년대의 당사자운동은 자신에게 부과되는 굴욕적인 자산조사에 반대했지만, 마이너스 소득세와 같은 형태로 기계적으로 행해지는 자산조사에 항상 반대했던 것은 아니다. 복지권운동에 결집한 여성들이 "조건 없이!"라고 외쳤을 때, 변변치 못한 전남편에게 기본소득이 지급되는 것 정도는 케이스워커에 의한 자산조사가 사라지는 것의 대가로 충분히 납득할 수 있었을 것이다. 그러나 엄청난 부자에게도 기본소득이 지급된다는 사태는 상상조차 하지 못했을 수 있다.

경제학적으로는 동일시되는 경우도 많은 마이너스 소득세와 기본소득이 기본소득 지구네트워크에서 명확하게 분리되는 것은, 기본소득에 대한 정치철학적 의미 부여가 심화된 결과라고 할 수 있을 것이다. 또 하나의 차이는 (필자와의 차이이기도 한데) '생활에 충분한 소득'이라는 규정이 없다는 점이다. 이는 판 파레이스의 정치철학서 『모두에게 실질적 자유를』에서 이루어진 논의에 기초하고 있다.

흥미로운 것은, 각국 네트워크 단체의 기본소득 정의가 기본소득 지구네트워크의 정의와 미묘하게 다른 경우도 있다는 점이다. 예컨대 독일네트워크는 (이 책과 마찬가지로) '생활에 충분한'이라는 정의가 불가결하다는 입장을 취하고 있으며, 미국네트워크는 ('자산조사 없이'를 언급하긴 했지만) 마이너스 소득세도 포함한 형태의 기본소득 보장을 사고하고 있다. 즉 제2장에서 다룬 1970년대의 보장소득 논의를 그대로 이어받고 있는 것이다.

기본소득과 남반구

더블린 대회에서 기본소득에 대한 '남반구'의 시각이 큰 주목을 받았는데, 벌써 일본에도 몇몇 움직임이 소개되고 있다. 남아프리카공화국에서는 2000년대 초중반에 기본소득 도입이 진지하게 검토되었다.[1] 유럽네트워크가 지구네트

---

1 牧野久美子,「ベーシック・インカム・グラントをめぐって: 南アフリカ社会保障制度改革の選択肢」,『アフリカレポート』第34号, 2002.

워크가 된 다음, 2006년 케이프타운에서 첫 지구대회가 열렸다. 브라질에서는 앞서 언급한 상원의원 수플리시가 열심히 활동을 이어갔는데, 그는 자신이 창당 멤버 중 하나인 노동자당에서 1991년 처음으로 상원의원에 선출된 후 곧바로 마이너스소득세 법안을 의회에 제출했다.[2] 2003년 룰라의 노동자당이 집권하자 수플리시는 시민기본소득 법안을 매듭지었고 2004년에 법안이 가결되었다.

그러나 히로세 준이 상세히 분석하고 있듯이 그리고 수플리시 자신도 인정하고 있듯이, 아직은 기본소득이 아니라 공적부조와 같은 제도로서밖에 기능하지 못하고 있는 실정이다. 수플리시 등에 의한 운동이 계속 이어지고 있으며, 다음 기본소득 지구네트워크 지구대회(2010년)를 브라질에서 개최하기로 한 상태이다. 그런데 공교롭게도 2010년은 브라질 대통령선거의 해이기도 하다. 노동자당에서 진심으로 기본소득을 도입하고자 하는 후보가 나타나지 않는다면, 수플리시 자신이 입후보할 가능성도 있다. 또한 더블린 대회에서 스탠딩이 발표한 내용에 따르면, 나미비아의 어느 마을에서 국제기구의 원조를 받아(2008~2009년) 기본소득을 실험적으로 지급하기 시작했다.

전지구적 기본소득이라는 논의도 등장하고 있다. 이탈리아의 젊은 연구자 잔루카 부실라치Gianluca Busilacchi는 '지구기

---

2 廣瀬純, 「ベーシック·インカムの上下左右: 運動なきBIはつまらない」, *VOL* no.2., 以文社, 2007.

본소득'을 주장한다. 온실가스배출에 대한 과세를 재원으로 삼는 것이 그의 제안이다. 네덜란드의 '전지구적 기본소득 재단' 역시 '지구배당'을 주장하고 있다. 이러한 주장들은 전지구적 관점에서 환경문제와 빈곤문제를 연결시키려 한다는 측면에서 서로 통한다.

녹색의 기본소득

녹색당과 기본소득

환경문제의 관점에서 기본소득을 이야기할 때, 성장중심 사회에서 정상상태 사회로의 이행 그리고 생산주의적 사회에서 탈생산주의적 사회로의 이행이라는 프로그램 속에 기본소득을 위치 짓는 논의가 있다.

현행 사회보장제도는 완전고용을 전제로 하고 있기 때문에 경제성장이라는 발상을 끊어내는 것이 불가능한데, 완전고용을 전제하지 않는 기본소득이라면 생태주의자에게도 바람직하다는 논리이다.(제4장, 〈도표 8-4〉) 환경정당인 녹색당이 기본소득을 지지하고 있다는 점이 그 증거로 여러 차례 언급되곤 한다. 그렇지만 위와 같은 논리는 녹색당이 기본소득을 지지하고 있는 이유의 한 단면에 지나지 않는다.

아일랜드, 잉글랜드, 웨일스, 스코틀랜드, 프랑스, 벨기에, 네덜란드, 독일, 핀란드, 캐나다, 미국의 녹색당은 기본소득을 과거에 주장했었거나 현재까지 주장하고 있다. 또한 뉴질랜드 녹색당도 기본소득에 대해 논의할 것을 주장하고 있다.

그러면 녹색당은 실제로 어떠한 맥락에서 기본소득에 대해 언급하고 있는 것일까. 캐나다 녹색당의 강령은 장애인정책에 관한 항목에서 기본소득에 대한 지지를 언급하고 있다. 미국 녹색당 강령에 기본소득이 처음으로 언급된 것은 아래와 같은 여성의 권리에 관한 항목이다. (빈곤퇴치 항목과 경제 전반에 관한 항목에서도 재차 언급된다.)

> 녹색당은 빈곤을 끝내고 모든 어머니에게 존엄과 기회를 되돌려주는 진정한 개혁을 지지한다. 어머니이기에 생겨나는 특별한 필요를 충족시킬 수 있는 혁신적인 프로그램의 도입을 요구한다. 또한 우리 사회에서 측량할 수 없는 중요성을 갖는 다음 세대를 키우는 일을 수행하고 있는 사람들에게 급부되는 (보장소득, 시민소득 등으로도 알려진) 보편적 기본소득 등 여타의 정책도 지지한다.
>
> 미국 녹색당 2004년 강령

뉴질랜드 녹색당의 기본소득에 관한 논의 역시 주로 여성정책의 맥락에서 이루어지고 있다. 독일에서도 녹색당 여성당원들을 중심으로 베를린에서 열리고 있는 '녹색여성오찬모임'에서 2007년 기본소득이 다루어졌다. 프랑스 녹색당과 핀란드 녹색당 등에서는 실업, 일자리 나누기, 정규직에서 비정규직으로의 고용환경 변화와 관련하여 기본소득에 대한 지지가 언급되고 있다. 이에 더해 잉글랜드 녹색당과 웨일스 녹색당은 빈곤의 덫(제5장 참조) 해소와 복지수급자의 존엄 회복(제2장 참조)을 이유로 들고 있다.

이로써 분명한 것은, 녹색당이 기본소득을 추진하는 주된 이유가 여성의 권리 등 제2장에서 개관한 사회운동의 외침과 오버랩된다는 점이다.

예를 들어 잉글랜드 녹색당과 웨일스 녹색당은 (창립자 중 한 명인 클라이브 로드Clive Lord에 따르면) 1973년 당(의 전신)이 결성됨과 동시에 줄곧 일관되게 기본소득을 주장해왔다. 로드 그리고 그의 동료 당원인 리처드 로슨Richard Lawson에 따르면, 그들에게 기본소득을 주장하는 것은 '개가 물가에서 물에 뛰어드는 것'처럼 자연스러운 일이었다고 한다. 이는 곧 그들에게 여성의 권리나 빈곤과의 전쟁 등이 환경문제와 동등한 중점사항이었음을 의미한다. 녹색당 운동에서 사회정의는 자주 주요한 주장으로 제출되어왔지만, 그것이 생태적 지속가능성과 연관되는 일은 거의 없었다. 기본소득이 환경문제와의 관계에서 논의되기 시작한 것은 훨씬 더 나중의 일이다.

녹색당을 환경보호 정당이 아니라 젠더, 평등, 복지수급자 및 소수자의 권리라는 '68혁명'의 가치에 기초한 정당으로 이해할 때 비로소 녹색당과 기본소득의 역사적 연관성을 올바르게 이해할 수 있다.

1968년 파리 5월혁명을 하나의 상징으로 하여 1970년 전후에 일어난 사회운동의 고양 속에서, 특히 여성들의 운동을 통해 기본소득 요구가 출현했다는 점을 제2장에서 개관한 바 있다. '68'적인 것은 여러 새로운 정치를 낳았는데, 유럽과 미국에서 의회정치의 형태로 살아남아 오늘날에 이른 것 중 하나가 바로 1970년대 이후 생겨난 각국의 녹색당이다.

제2장에서 상세히 소개한 기본소득운동의 직접적 담지자들과 각국 녹색당의 중심인물들이 완전히 일치하는 것은 아니지만, 그 논리와 배경이 되는 가치관에는 밀접한 공통점이 존재한다. 제2장에서 소개한 사회운동과 여기서 다룬 녹색당 모두 여성의 참여가 활발하고 여성 및 소수자 권리와의 관계 속에서 기본소득을 주장하고 있지만, 웬일인지 영어권과 일본 모두 이를 쉽게 잊어버리는 것 같아 강조해둔다.

기본커먼즈

'녹색을 말하면서 왜 돈 이야기를?' 하고 의아해하는 사람도 있을 것이다. '화폐중심 경제로부터 벗어나는 것을 추구해야 하는 것 아닌가', '기본소득을 요구하는 것은 이에 역행하는 것 아닌가'라는 비판이다. 제2장에서 소개된 운동 속 논의와 한 철학자의 논의를 실마리로 삼아 이 문제를 사고

해보자.

저명한 심리학자이자 철학자인 에리히 프롬이 자신의 저서 『자유로부터의 도피』에서 기본소득을 긍정적으로 평가했다는 사실은 별로 알려져 있지 않다. 1955년 출간한 『건전한 사회』에서 그는 '인간이 품위를 유지하면서 존재하기 위해 기초가 되는 소득'은 특별한 '이유'가 없어도 주어져야 하며 사회보장제도를 '보편적인 생존의 보장'으로까지 확대해야 한다고 주장한다. 그리고 1966년에 발표한 논문 「보장소득의 심리학적 측면」과 그로부터 2년 후에 나온 저작 『희망의 혁명』에서는, '보편적 생존 보장' 방법으로서 보장소득을 지지하기에 이른다.

프롬이 보장소득을 지지하는 가장 큰 이유는, 이 제도를 통해 "개인의 자유가 근본적으로 높아질" 수 있기 때문이다. 인류의 역사에서 인간의 자유를 제약해온 것이 지배자의 생사여탈권과 "자신에게 부과된 노동 및 사회적 생존 조건에 굴복하고 싶어 하지 않는 존재들이 직면하게 되는 굶어 죽는 것에 대한 공포"라고 했을 때, 기본소득은 후자를 극복함으로써 자유를 확대하는 것이다.

기본소득에 대해 응답되어야 할 의문으로서 '무조건적인 소득급부는 노동의욕을 감퇴시키는 것 아닌가'라는 의문을 들 수 있는데, 이에 대해 프롬은 다음과 같이 답한다. 현재 세계의 구조는 굶어 죽는 것에 대한 공포를 부채질하여 사람들을 (일부 부자를 제외하고) '강제노동'에 종사하게 만드는 시스템이다. 이러한 상황에서 인간은 흔히 일에서 도망치려고 한다. 그러나 일에 대한 강제와 협박이 사라졌을 때 "아무것도 하지 않으려는 사람은 소수의 병자뿐일 것"이라고 그는 말한다. 일하는 것보다 게으름을 좋아하는 정신을 강제노동사회가 낳은 '정상상태의 병리'로 간주하는 것이다.

프롬은 나아가 "보장소득 원칙의 특수한 변형"으로서 생활필수품의 "자유소비" 원칙을 주장한다. 이는 "품위 있는 생활을 하는 데 필요한 최소한의 것은, 현금을 지불하여 손에 넣는 것이 아니라 지불을 필요로 하지 않는 무상의 필수품 및 서비스로서 획득한다"는 의미이다.

또한 프롬은 이 원칙에 대해 '필수품 무상공급을 필요 이상으로 많이 취하는 사람이 나오지는 않을까' 하는 의문에 응답한다. 이 "욕심소비" 역시 소득이 불충분해 소비가 제한되는 결핍사회에서 나타나는 심리이지, 일단 필수품의 자유소비가 제도화되면 이런 소비는 없어질 것이라는 것이다.

흥미로운 것은, 제2장에서 살펴본 영국 및 이탈리아의 운동에서도 기본소득과 함께 (프롬과 비슷한) 생활필수품의 무료화를 내걸었다는 점이다. 이탈리아 운동의 경우 가사·육아·돌봄의 사회화가 그 안에 포함되어 있었고, 프롬의 경우에도 공공교통의 확충 등이 포함되어 있다. 따라서 개인이 필수품을 무료로 소비한다는 측면뿐만 아니라 사회적인 것의 새로운 형태가 관건이라는 것을 알아차릴 수 있다.

사회적으로 공유되고 있는 공공재를 오늘날 환경경제학 등의 논의에서는 '커먼즈'라고 부르곤 한다. 이 명칭은 '입회지(入

會地)'[입회(いりあい)란, 일정 지역의 주민이 관습에 따라 일정한 산림·들·어장 등에 들어가서 그것을 공동으로 이용하여 풀·땔감·물고기 등을 채취하는 일을 말함] 같은 공유지에서 유래한 것이다. 제2장에서 소개된 운동과 프롬의 제안에 들어 있는 이 사회적인 것의 새로운 형태를, (이 책에서는) 기본소득을 본떠 **기본커먼즈**라 부르기로 하자. 구체적으로는 대중교통, 공공주택, 공공의 공원·녹지 같은 공간과 가사·육아·돌봄의 사회화 등이다.

제2장에서 소개한 운동과 프롬의 차이는, 운동의 경우 기본소득과 필수품 무료화가 모두 불가결한 요구로서 제출되고 있지만 프롬의 경우 필수품의 무료화가 실현되면 기본소득은 필요하지 않다는 것으로 읽힐 수 있다는 점이다. 녹색의 입장에서 보더라도 프롬과 마찬가지로, 기본커먼즈와 필수품 무료화만으로 기본소득을 도입하는 것보다 낫다고 생각될 수 있을 것이다.

그런데 정말로 그럴까. 구체적인 사례로 비교해보자. 단순화하여 가정해보면, 먼저 기본커먼즈가 존재한다고 전제한 상태에서 기본소득만 존재하는 사회와 필수품 자유소비만 존재하는 사회를 생각해볼 수 있다.

이 경우 '기본커먼즈 + 기본소득' 사회와 비교했을 때 '기본커먼즈 + 필수품 자유소비' 사회가 갖는 이점은, 필수품 소비량에 제한이 없다는 점이다. 필수품에 한해서는 얼마든지 소비를 할 수 있다. 반대로 필수품 자유소비만 존재하는 사회와 비교했을 때 기본소득만 존재하는 사회가 갖는 이점은, 필수품 소비를 조금 참고 줄여서 그만큼 남은 돈으로 필수품이 아닌 것을 구입

할 수 있다는 것이다. 멀리 갈 것 없이 일상적인 식비를 생각해 보자. 식비가 한 끼에 600엔이라고 할 때 가끔 1000엔짜리 이탈리아 요리를 점심으로 먹고 싶으면, 기본소득의 경우 기본소득에서든 여타의 소득에서든 400엔을 융통해서 먹을 수 있다.

그러나 자유소비 사회에서는 1000엔을 전부 소득에서 융통해야 한다. 이렇게 생각하면 '기본커먼즈 + 기본소득' 사회와 '기본커먼즈 + 자유소비' 사회를 비교했을 때 소비의 자유로운 정도가 유의미하게 높은 쪽은 전자이다. 제2장에서 다룬 운동의 핵심에 있었던 것은, 생활보호 제도를 이용할 수밖에 없었던 사람들이었다. 그/그녀들은 제도상 일부 필수품이 무료로 공급되는 경우도 있었기 때문에, 거기에 자유를 제한하는 측면이 있음을 잘 알고 있었다. 그래서 프롬과는 달리 기본소득 요구를 내려놓을 수 없는 것이다.

복지권운동 그 이후와 프레카리아트운동

'당했으면 되돌려줘라' — 미국 복지권운동 그 이후

이제 제2장에서 다룬 미국의 복지권운동 그

이후에 대해 간단히 살펴보자. '빈곤과의 전쟁'이라는 말로 상징되는 빈곤퇴치의 사회적 열기는 1970년대 중반부터 급속하게 위축되어갔고 전국복지권단체도 1975년 해산하고 만다. 이러는 가운데 복지권운동에 대한 연구는, 가령 1960년대부터 1970년대에 이르는 흑인 여성들의 '역사'라는 식으로 다뤄지는 경우가 많다. 1981년에 출간된 복지권운동 서적에 대한 1983년의 서평에서 '권리로서의 복지'라는 운동의 이름부터가 이미 당시의 정치적 환경에 자리매김하지 못했다고 서술하고 있듯이, 이러한 단절의 역사관은 운동 인원의 소멸과 운동에 호응하는 사회적 열기의 소멸 등 일정한 사실에 기초하고 있다. 다른 한편으로, 복지권운동 자체가 완전히 사라진 것은 아니라는 것 또한 사실이다. 그 운동이 어떻게 지속되었는지 빠른 걸음으로 따라가보자.[3]

　1960년대 전국복지권단체 내부에는 여성과 남성 사이의 노선 대립이 있었는데, 앞서 다룬 대로 1972년 틸먼이 사무국장이 된 것에서 알 수 있듯이 여성들의 헤게모니가 확립되어갔다. 1960년대 복지권운동에 참여한 여성 대부분이 흑인이었던 데 반해, 1970년대에는 백인 여성들의 참여가 확대되어갔다. 1976년, '여성노동조합연맹' 등 주류 여성단체들은 여성의 가

3　이번 3절에 나오는 미국 복지권운동 관련 서술은 특별한 표기가 없는 한 Mimi Abramovitz, *Under Attack, Fighting Back: Women and Welfare in the United States*(Monthly Review Press, 2000)에 따른 것이다.

사노동의 가치를 평가하지 않는다는 이유로 카터 정권의 복지 개혁법안에 맞선 항의운동을 조직했다.

그러나 1970년대 전반에 걸쳐 주류 페미니즘운동과 전국복지권단체 등의 복지권운동 사이에 간과할 수 없는 대립이 있었다고 한다. 그것은 정부의 근로촉진정책에 대한 태도와 관련된 것이다. 주류 페미니즘은 여성의 자립을 촉진하는 것으로 보고 환영한 반면, 복지권운동은 여성의 자유로운 임금노동-가사노동 간 선택을 저해하는 것이라고 비판했다.

이 점에 있어 복지권운동이 취해온 입장은 현재까지 일관적이라고 생각된다. 예컨대 1987년 '어머니날'에 남캘리포니아 복지수급자들은, 노동복지라는 "남성중심적 관점에서 설계된 정책으로 인해 비혼부모들이 가족에 대한 책임을 방기할 수밖에 없게 되는" 사태를 막아야 한다며 항의행동을 벌였다. 1986년부터 보스턴에서 활동하고 있는 복지권단체의 기관지 『서바이벌 뉴스』의 1994년 기사는 "복지 의존이 문제가 아니라 빈곤과 돌봄노동의 가치를 정당하게 인정하지 않는 것이 문제"라고 지적하고 있다. 여성들은 단기적으로는 충분한 복지급부를, 장기적으로는 모든 사람에 대한 기본소득을 요구했다. 1987년 설립된 '전국복지권조합'의 메리언 크레이머Marian Kramer는 1994년에 "집 밖에서 일하고자 하는 모든 여성은 자기 가족 전체의 필요를 충족할 임금을 벌 기회를 가져야 한다. 또한 우리는 집에서 아이들을 키우는 쪽을 선택한 여성들의 권리를 존중한다"라고 말했다.

노동복지적 '복지개혁'의 물결에 항의하는 행동은 1990년대에 좌우를 막론하고 주류적 입장이 된 "우리가 알고 있는 복지는 끝내자"라는 구호 아래에서 두드러졌는데, 이것이 앞서 서술한 주류 페미니즘과 복지권 페미니즘 사이의 거리를 조금이나마 줄여준 것 같다. 1993년에는 '전국여성연합회'의 대표 퍼트리샤 아일랜드Patricia Ireland가 앞서 언급한 크레이머와 함께 '복지개혁'에 항의하는 행동을 펼치다 체포되었다. 1994년에는 저명한 여성 예술가, 작가, 학자, 노조활동가 등으로 구성된 '100인 여성위원회'가 뉴욕타임스에 "가난한 여성에 대한 전쟁은 모든 여성에 대한 전쟁이다!"라는 광고를 냈다.

그러나 안타깝게도 페미니즘 진영이 복지개혁에 대한 항의의 주춧돌은 아니었다. 1996년에는 개인책임·노동기회조정법이 성립되는데, 힐러리 클린턴으로 대표되는 이른바 '자유주의적 페미니스트'들은 이에 찬성했다. 그 결과 제1장 4절에서 다룬 대로 '아동부양가정지원'이 '빈곤가정일시지원'으로 대체되었고 복지에 대한 권리는 폐지되고 말았다.

이 법의 성립을 지표로 하는 일련의 복지개혁이 복지수급에 근로요건이 강화된다는 점에서 노동복지로 특징지어질 수 있다는 것은 주지의 사실이다. 동시에 이 책에서 강조되어야 하는 것은, 이 1996년 법이 복지수급의 가부장제 시스템에 동조하라는 요구를 그리고 (틸먼의 말을 빌리면) 이미 '초超성차별주의'적이었던 제도를 더욱 강화했다는 점이다.

틸먼의 시대에는 비혼모 세대에 동거/출입하는 성인 남성이 있으면 부양의무자로 간주하는 규칙(이 때문에 케이스워커가 심야에 수급자의 집을 방문하기도 했다)과 수급자에게 혼외자녀 출산을 금하는 등의 개입이 있었지만, 이것이 법에 명기되어 있는 것은 아니었다. 그러나 이 1996년 법의 경우 결혼 장려, 혼외자녀임신 예방, 2인 친가족 형성 및 유지 장려 등이 조문에 명시되어 있다. 이를 실현하기 위해, 예컨대 20개가 넘는 주에서 빈곤가정일시지원 수급자가 아이를 낳아도 그 아이 몫의 급부를 받을 수 없는 '패밀리 캡'이라는 제도가 도입되었다.

노동복지 요소도, 가부장제 규범에 굴복하라는 요구도, (틸먼의 글을 통해 알 수 있듯이) 아동부양가정지원에 없었던 것은 아니다. 그러나 '복지개혁'의 주창자들에게는 완전히 반대로 보였던 것 같다. '복지개혁'에 영향을 준 학자들이 엮은 책에는, 그녀들이 아동부양가정지원 수급에 있어 '자활 가능한지 여부에 대해 거의 어떤 말도 듣지 못했'고 기술되어 있다.[4]

사회정책은 정치적 역관계로 결정되며 따라서 무엇이 사실인가가 아니라 다수파가 무엇을 사실로 생각하고 싶어 하는가에 따라 결정된다고 했을 때, 현재 상당히 험난한 상황에 처해 있다고 말할 수 있을 것이다. 많은 논자가 지적하듯이, 아동부양가정지원 수급자가 '복지의 여왕'이라고 부정적으로 표상되어 질타를 받아온 것에서 인종차별(및 성차별, 계급차별의 복

---

4 Lawrence M. Mead and Christopher Beem (eds.), *Welfare Reform and Political Theory*, Russel Sage Foundation, 2005.

합)을 발견하기란 쉽다. 그리고 그러한 차별들은 쉽게 바뀌지 않는다.

이러한 상황에서는 두 가지 방향이 고려될 수 있을 것이다. 하나는 다수파에게도 쉽게 용인될 수 있는 대안 — 생각하는 바를 모두 밝히고 설득해나가면 (가령 인종차별주의적인) 다수파에게도 '구제받아 마땅하다'는 납득을 얻어낼 수 있는 그런 사람들을 위한 정책 — 을 실행 가능한 것으로 충실하게 만들어나가자는 입장이다. 다른 하나는 '구제받아 마땅하다'/'구제받을 필요가 없다'라는 이 분리의 정치를 거부하는 방향이다. 이번 제6장에서 언급한 복지권운동의 입장에서 보면, 이러한 분리를 거부하는 방향성 이전에 기본소득 또는 기본소득적인 요구가 위치하게 된다.

가까운 캐나다에서도 1970년대부터 여성들의 복지권운동이 있었다. 2000년대에 들어 그러한 복지권 페미니즘과 여성장애인들이 노동중심주의적 주류 페미니즘에 비판적으로 개입했으며, 현재 기본소득에 대한 논의가 활발하게 이루어지고 있다.

유로메이데이와 프레카리아트 운동

제2장에서 소개한 이탈리아의 운동과 제3장에서 소개한 이론화 작업은 그 후 어떻게 되었을까. 아우토노미아운동의 산물이라고 할 만한 운동들은 이후에도 각지에서 간헐적으로 일어났으며, 그중 일부는 '시민소득'이라는 이름으로

기본소득을 주장하고 있다.

1994년 북미자유무역협정 발효와 동시에 일어난 멕시코 남부 치아파스 선주민들의 '사파티스타 민족해방군' 봉기는, 현재까지 북미 및 유럽의 이른바 '반지구화운동'에 큰 영향을 주었다.

이탈리아에서는 교외 신도시에서 커뮤니티 공간의 부족을 겪던 중 점거 등의 형태로 '사회센터'를 자율적으로 형성·운영하는 운동이 전개되었는데, 이 운동은 제2장에서 소개된 '여성들의 투쟁' 강령을 실생활로 가져왔다. 이러한 사회센터 운동 내부에서 사파티스타 봉기에 호응하는 형태로 반지구화운동이 고조된다. 시위 참가자 모두가 경찰의 탄압에 저항하기 위해 위아래가 붙어 있는 하얀색 작업복을 입는 바람에 '하얀 작업복' 이라는 이름으로 알려져 있다.

이때 주축을 이루었던 반자본주의 및 이주민 권리를 추구하는 운동단체 네트워크는 '야 바스타'라고 불렸다. 이는 사파티스타 봉기의 슬로건 중 하나인 "Ya basta!"(이제 그만!)에서 온 것으로, 이를 통해 사파티스타 봉기가 유럽 사회운동에 끼친 영향이 얼마나 큰지를 알 수 있다.

'야 바스타'와 '하얀 작업복' 모두 신자유주의에 반대하면서 이주의 자유와 기본소득을 요구했다. 제3장에서 소개한 네그리와 하트의 논의 중 『제국』에 나오는 전지구적 시민권과 기본소득[보장소득]은, 이 운동에서 나온 요구를 이론적으로 이어받은 것에 다름 아니다. 2001년 제노바에서 고조된 G8반대행동과 이탈리아 당국의 탄압은, 이러한 운동의 존재가 겉핥기식으로라도 주요 언론을 통해 (일본을 비롯하여) 전 세계에 보도되는 계기가 되었다.

이 제노바 G8반대행동을 준비 중이던 2001년 5월, 불안정 노동자들이 유럽 각지에서 밀라노로 집결하여 벌였던 노동절 시위를 계기로 2004년부터 유럽 각지에서 '유로메이데이'가 진행되고 있다. 2001년 밀라노에 모인 참가자들은 5천여 명이었는데, 2004년에는 밀라노와 바르셀로나에서 도합 10만여 명이 참여했고 2006년에는 EU에 속한 20개 도시에서 약 30만 명이 참여했다. 그 형태 또한 시위에 국한되지 않았다. 근무 중인 불안정노동자들의 참여를 독려하러 대형마트에 가거나 쇼핑몰 봉쇄를 시도하는 등, 정규직 노동자들의 제도화된 노동절 풍경과는 사뭇 다른 모습을 보여주고 있다.

이 배경에는 신자유주의 아래에서 진행되는 고용의 불안정화가 있다. 이 운동에 결합하는 사람들은 경영자들과 EU와 각국 관료 및 정치인들이 축하해마지않는 고용유연성을 불안정성(precarity)으로 여기며 거부한다.

그(녀)들이 불안정노동자(프레카리아precariat)로 생각하는 것은, 우선 (일본에서 '프리터freeter'라는 말로 이미지화되는) 제조업 및 서비스업에서 불안정한 저임금 고용 형태로 일하는 노동자(체인 워커chain worker)이다. 밀라노의 활동가 중 한 명인 알렉스 포티Alex Foti는, 여기에다 IT산업 등 새로운 산업에 종사하는 노동자(브레인 워커brain worker)도 프레카리아트라고 말한다. 그런 산업에서는 노동조합 같은 것이 조직되어 있지 않고, 고용되어 있을 때 비교적 높은 임금을 누린다 해도 일단 해고되면 빈곤에 빠지기 쉽기 때문이다.

그리고 그 대안은 주류 우파가 추구하는 완전고용, 즉 안정적인 평생직장이 아니다. 유연성을 새로운 산업형태에 불가피한 것으로 받아들이면서 생활의 보장을 추구해나가는 방향성이 대안이다. 유연성(flexibility)과 보장(security)의 합성어인 '플렉시큐리티flexicurity'는 이러한 방향성을 잘 보여주는 단어이다. 그리고 이를 위한 선택지 중 하나가 바로 기본소득이다.

각지에서 일어난 이러한 운동들을 축으로 하여 '유로메이데이 네트워크'라는 느슨한 네트워크가 형성되었다. 밀라노 운동에는 처음부터 기본소득에 대한 주장이 존재했다. 유로메이데이 전체의 요구인지는 논의가 갈리지만, 독일과 핀란드 등의 유로메이데이에서도 기본소득 요구에 대한 찬성이 모아졌다. 2008년 메이데이를 앞두고 베를린에서 열린 네트워크집회에서 승인을 받은 요구항목 속에는 기본소득도 포함되어 있다.(《사진 15》)

- 기소된 모든 이주민의 완전한 합법화
- 국가의 탄압으로부터 자유로운 자기조직권 및 단결권
- 조건 없는 기본소득
- 유럽 생활임금
- 문화·지식·기능의 자유로운 이용
- 저렴한 주거에 대한 권리

〈사진 15〉 기본소득 등의 요구를 내건 유로메이데이 포스터.

2006년 헬싱키 유로메이데이의 한 참가자는 이렇게 말했다.

우리가 기본소득에 대해 말할 때, 누구도 소득을 잃는 공포에 방치되어서는 안 된다는 것만 주장하는 것은 아니다. 현재 '실업자' 또는 '비생산적'이라는 꼬리표가 달려 있는 많은 사람이 자신의 부불노동에 대한 보수로서 기본소득을 요구하고 있는 것이다. 우리는 자선을 바라는 것이 아니다. 국가와 임금노동의 영역 내에서 수행될 수 없는 일이 생산에서 매우 큰 비중을 차지하고 있으며 그런 일들이 사회적으로 생산적이며 가치 있고 중요하다는 사실, 이것에 대한 인정을 바라는 것이다.

2006년 이후 유럽에 속하지 않는 도시 한 곳이 '유로메이데이 네트워크'에 참여하고 있다. 바로 도쿄이다. 2005년부터 도쿄에서 프리터일반노조의 주도로 '자유와 생존의 메이데이'가 열리고 있다. 이러한 독자적인 메이데이는 느슨한 연대를 이루어나갔고, 2008년에는 나고야, 구마모토, 삿포로, 교토, 후쿠오카, 마쓰모토, 히로시마, 기후(오가키시), 센다이, 니가타, 오사카, 이바라키(쓰쿠바미라이시) 등에서 진행되었다. 그중 몇몇 곳에서는 기본소득을 요구하는 참가자들도 보였다. 또한 2007년에는 도야마에서 기본소득을 핵심 요구로 내건 메이데이가 진행되었다.

이탈리아의 마르케 주州에서는 기본소득의 법제화를 요구하는 서명운동이 실시되고 있다.(〈사진 17〉) 이러한 활동에 부응하여, 다음(2012년) 기본소득 지구네트워크지구대회는 마르케에서 열릴 예정이다.

〈사진 16〉 이탈리아 마르케주에서 기본소득 법제화를 요구하는 운동의 포스터. 출처: Enzo Valentini.

　이번 제6장을 끝으로 책을 마무리하면서, 오늘날 일본에서 모든 제도변혁에 앞서 기본소득을 생각해볼 수 있을지 간단하게 스케치해보려 한다. 예를 들어 제2장에서 다룬 영국의 청구인조합운동이 현행 제도를 이용하는 것을 놓고 다툼을 벌이기 전에 기본소득과 기본커먼즈를 요구했던 것처럼, 우리도 현행 제도를 변혁해나가기에 앞서 기본소득을 고려해볼 수 있을 것이다.

　첫째는 생활보호와 아동부양수당 등의 제도를 더욱 이용하기 쉬운 제도로 바꿔나가는 방향성이다. 제1장에서도 서술했듯이, 행정·정치·언론에 종사하는 사람들은 수급자 수가 증가하는 것을 개탄할 것이 아니라 오히려 빈곤층이 증가하고 있는데도 수급자 수가 그만큼 증가하지 않는 것을 문제 삼아야 하는 것 아닌가. 그렇게 될지 말지는 우리의 목소리에 달려 있다.

　둘째는 연금의 조세화를 추진하는 것이다. '사라진 연금'이 화두가 된 지 오래되었는데, 사회보험 방식을 유지하는 데 방대한 인적·재정적 운영비용이 든다는 사실을 이 문제가 예기치 않게 들춰내고 있다고 볼 수 있다. 고용보험이나 건강보험 등과 비교해봐도, 연금은 납입을 시작하고부터 급부를 받기까지 시간차가 크고 그 비용 또한 엄청나다.

　반대로 외국의 경우를 살펴보면, 기초부분의 연금을 조세방식으로 조달하는 몇몇 국가가 있다. 일본에도 자민당 정치인을 포함하여 그런 목소리가 나오고 있다. 조세방식이냐 보험방식이냐의 논의는 재무성과 후생노동성 간의 이해관계와도 관련이 있는데, 이 책의 입장에서 보면 조세방식은 그런 이해관계에 왜소해지지 않고 논의되는 것만으로도 의미를 갖는다. 조세방식의 연금은 고령자를 대상으로 하는 기본소득이기 때문이다. 원래 보험은 일어나지 않았으면 하는 일들, 더 직접적으로 말하자면 불행·위험에 대한 대처법으로서 발전해왔다. 해상사고, 화재, 교통사고, 산업재해, 질병, 실업 등이 그것이다. 나이를 먹는 것은 일본에서 불행이자 위험한 일인 것일까. 이제 그런 사고방식과는 결별해도 되지 않을까.

셋째는 아동수당의 소득제한을 철폐하고 급부대상을 20세 미만의 전인구로 확대함과 동시에 지급액을 증액해나가는 것이다. 아동수당이 도입되었을 때 도입을 위해 노력한 사람들은 '작게 낳아 크게 키운다'고 말했지만, 아직도 계속 작기만 하다.

유럽 각국에서 아동수당에 해당하는 제도들은, 소득제한 없이 아이가 있는 모든 사람을 대상으로 하는 것이 보통이다. 일본에서도 우선 이것이 관건이다. 그런 다음 제2장에서 소개된 운동이 아동수당 증액을 요구했던 것처럼, 실질적인 양육비를 감당할 수 있는 액수로 증액해나가는 것이 중요하다. 이는 아동수당 이념을 바꿔나가는 일이다. 일본에서는 저출산 대책의 맥락에서 이야기되고 있는데, 그게 아니라 아동이 빈곤에 처하지 않고 살아갈 권리의 문제로서 그리고 양육자가 양육 때문에 빈곤에 처하는 일 없이 살아갈 권리의 문제로서 이야기되어야 한다.

넷째는 소득공제의 급부세액공제화이다. 일본에서 부양공제 등의 소득공제는, 과세 최저한도 이하의 저소득층에게는 전혀 의미가 없다. 이를 제5장 4절에서 소개한 것과 같은 급부형 세액공제로 바꿀 필요가 있다. 이는 미국과 영국에는 이미 도입되어 있다.

이와 관련하여 2008년의 급부금 파동은 우리에게 몇 가지 흥미로운 논점을 환기시켜주고 있다. 먼저 (1) '소득보장은 경제효과를 갖는다'는 케인스적 논의가 아직 살아 있다는 점이다. 일회성 급부가 경제효과를 갖는다면, 기본소득 같은 정기적인 급부는 한층 더 효과가 있을 것이다. (2) 정률감세보다 정액감세가, 정액감세보다 급부금이 저소득층에게 유의미하다는 논의는 옳다. 이러한 논의가 이제껏 표면화되지 않았다는 것이 이상할 따름이다. (3) 이러한 논의가 여러 과정을 거치면, 조세와 급부가 한 덩어리로 논의되어야 한다는 점을 환기시켜줄 가능성이 있다. (현재로서는 가능성이라고밖에 말할 수 없을 것 같다. 급부금이 되자마자 '부자에게 나눠주는 건 이상하다'는 논의가 분출되었는데, 그렇게 생각한다면 감세 단계에 문제를 제기해야 이치에 맞다.)

연금이 조세재원화되고 아동수당이 보편화·증액되고 급부형 세액공제가 도입되면, 많은 사람이 '부분적인 기본소득'을 손에 넣게 된다. 이렇게 되면 현재 많은 사람에게 '그림의 떡'으로 보이는 기본소득이 보다 현실적인 것으로 다가오게 될 것이다.

이상이 기본소득을 추진함에 있어 가능한 방향성 중 일부이

나. 이 중 첫째를 제외한 나머지 세 가지는, (일본은 논외로 하고) 외국의 복지국가들에 이미 존재하는 기본소득적 요소라고 할 수 있다. 복지국가 내에 존재하는 이러한 기본소득적 요소와 기본소득의 몇 가지 형태를 정리하면 〈도표 10〉과 같이 될 것이다.

〈도표 10〉 기본소득적인 제도들 간의 상관도

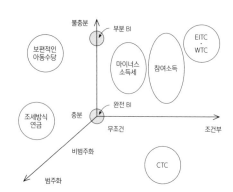

출처: Tony Fitzpatrick, 『自由と保障: ベーシック・インカム論争』(武川正吾・菊地英明訳, 勁草書房, 1999=2005)의 그래프에서 착안하여 저자가 작성한 것.

여기에 기본커먼즈의 촉진을 위한 방향성으로서, 몇 가지 떠오른 생각을 덧붙여보겠다.

다섯째, 주택대출 감세를 멈추고 공영주택을 정비해나가는 방향성이다. 주택대출 감세는 대출을 받아 집을 사는 것이 불가능한 사람들에게는 의미가 없다.

여섯째, 도로특정재원이 도로건설비용에서 공공교통기관·의료기관 정비와 육아·가사·돌봄 등의 사회화비용으로 바뀌어야 한다. 도로상태가 좋지 않아 도시의 병원에 갈 수 없는 것이 문제라고 했을 때, 도로를 멋지게 만드는 것만이 해결책이 아니다. 그 지역에 병원이나 학교가 제대로 갖춰지도록 하는 것도 또 하나의 해결책이지 않을까.

제6장 요약

- 기본소득에 대해 논의하는 학자, 정치인, 시민 네트워크는 세계적인 규모로 확대되고 있다.
- 이러한 네트워크 속에서, 기본소득 개념은 정교해지는 동시에 그 다양성도 유지되고 있다.
- 브라질, 남아공, 나미비아 등 이른바 개발도상국에서도 논의가 활발하다.
- 유럽 및 북미 각국의 녹색당 내에 기본소득을 추진하려 하는 사람들이 있다.
- 녹색운동과 제2장에서 소개된 운동을 통해 알 수 있는 것은, 기본소득은 기본커먼즈라고 부를 수 있는 것과 함께 주장되어 왔다는 점이다.
- 유럽에서는 지구화와 노동의 불안정화가 전개되는 가운데 프레카리아트 운동이라는 것이 일어났고 일본의 프리터조합 등과도 연결되어 있는데, 이러한 움직임 속에서도 기본소득이 요구되고 있다.
- 일본에서 구체적으로 생각해볼 수 있는 것으로는 연금의 조세재원화, 아동수당 보편화 및 증액, 급부형 세액공제 도입 등이 있다.

기본소득에 관한 Q&A

Q. 기본소득운동은 현행 소득보장 시스템(생활보호 등) 내에서의 대응을 부정하는 것인가?

A. 그렇지 않다. 지금까지의 기본소득 요구는 기존의 소득보장제도에 대한 대응 속에서 나온 것이다.(제2장 참조) 기본소득을 하나의 이념이자 근거로 삼아 현행 제도 내에서 조금이라도 제대로 된 급부를 요구하는 것, 즉 현행 제도의 개악을 허용하지 않는 것은 기본소득 요구와 전혀 모순되지 않는다.

Q. 생활의 필요를 충족시키는 소득인 기본소득은 생활보호 수준으로 지급되는가?

A. 그렇지 않다. 현재의 생활보호 수준은 평균적인 세대별 소비 수준의 60~70% 정도로 정해져 있다. 이러한 결정 방식에 (그리고 현재 일고 있는 삭감 움직임에) 정당한 근거가 있는가. 이 부분부터 근본적으로 문제 삼는 것도 필요하다.

Q. 기본소득은 일할 권리를 부정하는 것 아닌가?

A. 기본소득이라는 생각은 확실히 '일하지 않을 권리'와 손을 마주 잡고 등장했다. 그러나 실업자운동 속에서 기본소득이 요구된 것처럼(1930년대 및 1970년대의 영국, 1930년대의 캐나다) 기본소득이 (반드시) 임금노동을 부정하는 것은 아니다. 기본소득이 부정하고자 하는 것은, 굶어 죽는 것에 대한 공포 때문에 열악한 임금노동으로 내몰리는 것이다. 임금노동이든 다른 형태의 노동이든 '일하고 싶은데 일자리가 없다'는 문제에 대해서는, 기본소득이 직접적으로 응답하지는 못한다. 별도의 운동이 필요하다.

Q. 기본소득의 이념은 이해가 되는데, '일하지 않는 자 먹지도 말라'고 하는 이 사회에서 너무 현실감 없는 이야기 아닌가?

A. 이 사회에서는 우연히 부잣집에 태어나면 일하지 않고도 먹고살 수 있다. 이것이 진정 '일하지 않는 자 먹지도 말라'는 사회인가. 진심으로 '일하지 않는 자 먹지도 말라'라고 생각한다면, 우선 상속세를 100%로 해야 하지 않겠는가. 그것도 좋겠지만, 잠시 멈춰 서서 '의식(衣食)이 족해야 예절을 안다'라는 지혜에도 귀를 기울여보면 어떨까.

Q. 그런데 어째서 부자들에게도 돈을 주는 건가?

A. 부자라도 공립초등학교에 갈 수 있고 공립도서관을 이용할 수 있고 지자체의 쓰레기수거 서비스를 이용할 수 있다. 그와

마찬가지로 기본소득도 받는 것이다. 부자를 서비스에서 배제하려면 선별 비용도 추가로 들고, 일부 사람들만 이용할 수 있는 제도는 좋은 제도가 될 가능성이 별로 없다. 사족이지만, 현행 제도에서도 중·고소득층 역시 세액공제 등의 형태로 국가로부터 돈을 받고 있다.

Q. 기본소득이 도입되면 소위 3D업종에 종사하는 사람이 없어져버릴 것이다.

A. 종사하고 싶어 하는 사람이 있으면, 이때야말로 시장의 수요공급의 원리가 나설 차례이다. 일하는 조건이 그대로라면 임금이 오를 것이다. 3D업종 임금이 대학교원의 급료보다 높은 게 당연해질지도 모른다. 또한 '어려운' 일과 '더러운' 일의 경우 노동시간을 단축하거나 일을 어렵지 않게 만드는 기술혁신에 투자를 하고, '위험한' 일의 경우 위험도를 낮추는 연구를 시행하는 등의 작업이 이루어질 것이다.

의식이 족해야……?

한참 전에 신문사의 의뢰를 받아 기본소득 소개글을 쓴 적이 몇 번 있다.

한번은 '의식이 족해야 예절을 안다'라는, 예로부터 전해져 온 함축적인 속담에 기대어 기본소득을 주장해보려 했다(『마이니치신문』 2007년 4월 29일, 도쿄 본사판東京本社版). 하지만 '의식이 족하면 일을 안 하려고 하지 않겠느냐'는 비판을 상당히 많이 받았다.

이 책은 당초 '일하지 않는 자 먹지도 말라'와 '의식이 족해야 예절을 안다'라는 두 가지 격언 사이를 넘나드는 것으로 구상되었는데, 어쩐지 '의식이 족해야 예절을 안다'라는 격언은 이제 사전 속에만 존재하는 것 같다는 느낌이 들었다. 그러는 바람에

이 책은 '일하지 않는 자 먹지도 말라'라는 격언의 변죽만 울리며 우왕좌왕하는 모양새가 되었다.

　일본에 최초로 기본소득이 소개된 것은 이제 90년 가까이 된 일이다. 간주에서 다룬 러셀의 『자유로 가는 길』은 1920년에 번역되었다. 제4장에서 다룬 C. H. 더글러스는 1929년에 일본을 방문했는데, 이를 전후로 그의 사회신용운동이 일본에 소개되었다. 또한 제4장의 칼럼에서 다루었듯, 기본소득의 기원에 대한 판 파레이스의 설명을 수용하여 그 유럽 중심적 측면만 걷어내면 천 년도 더 된 율령국가의 모습 역시 기본소득적인 것이 된다. 1970년대에는 제5장에서 소개한 미국의 마이너스 소득세 논의가 경제학자들에 의해 일본에 소개되었다. 그러나 그보다 넓은 개념인 보장소득은 당시 일본 학자들에게 널리 이해되지 못했던 것으로 보인다. 그리고 웬일인지 기존의 소득보장 틀에 대한 이의제기인 보장소득이 소득보장 일반과 혼동되어 소개되는 경향이 지속되고 있다.

　한편, 기본소득을 요구하지는 않았으나 1970년대 이탈리아 운동과 동일한 논의가 일본에도 있었다는 것은 제3장 3절에 소개한 대로이다. 이탈리아의 운동은 1980년대에 일본에도 소개되었는데, 이를 훌륭히 소개해준 사람 중 오구라 도시마루小倉利丸는 1990년 '개인임금'이라는 형태로 일본[사회]에 기본소득을 제기했다. 필자가 이 개념을 처음 접한 깃도 그 무렵이다.

　[일본에서] 학술 연구가 본격화된 것은 [2009년 기준] 10년

정도 되었다. 그 지표는 뭐니 뭐니 해도 오자와 슈지의 일련의 연구일 것이다. 그의 책 『복지사회와 사회보장개혁』의 마지막 장에는 일본 기본소득 시뮬레이션이 들어 있다. 그래서 이 책에서는 굳이 반복하지 않았다. 그러니 논의의 실마리로 시뮬레이션을 검토해보고 싶거나 직접 시뮬레이션을 해보고 싶은 분들은 오자와의 책을 참조하기 바란다. 또한 기본소득에 관한 영국의 학술서(피츠패트릭, 『자유와 보장』, 1999)와 독일의 기업가가 쓴 계몽서(베르너, 『기본소득』, 2006)도 번역되었다. 나아가 『해외사회보장연구』, 『VOL』 등의 잡지가 기본소득 특집호를 냈다. 학회의 경우, 일본장애학회에서 기본소득에 관한 심포지엄(2007년 9월)이 열렸고 일본페미니스트경제학회에서 기본소득을 주제로 한 대회(2008년 4월)가 열렸다. 그 외에 사회정책학회, 사회복지학회 등 여러 학회에서도 기본소득이 다뤄졌다. 또한 간주 등에서 언급한 판 파레이스는, 2006년 일본을 방문하여 후쿠오카에서 개최된 국제정치과학학회와 리쓰메이칸대학에서 강연을 진행했다. 가장 최근인 2008년에는 『시민권과 기본소득의 가능성(シティズンシップとベーシック・インカムの可能性)』이라는 학술논문집도 출간되었다.

현재 기본소득을 요구하고 있는 단체는 (내가 알고 있는 한) 아래의 두 곳이다.

- 기본소득연구회 도쿄지회(도쿄)
- 기본소득청구인조합(교토)

또한 제6장에서도 다루었듯이, 기본소득 논의를 촉진하기 위한 네트워크인 기본소득 일본네트워크 준비연구회가 [2009년] 현재 기본소득 지구네트워크 등과 협력하면서 네트워크 설립을 준비해나가고 있는 상황이다.

이 책의 기획을 제안해준 건 고분샤光文社 신서편집부의 고마쓰 겐小松現 씨였다. 내가 기본소득연구회 도쿄지회의 첫 티치인teach-in에 불려갔을 때 그 광고지를 어느 대학 구내에서 봤노라고 말했던 것으로 기억한다. 당초 나는 일반적인 경제 관련 책을 흔히 말하는 신서판으로 낼 계획이었다. 그런데 얼마 후 고마쓰 씨가 교토까지 찾아와 '정말로 사람들에게 전하고 싶은 거라면 신서라는 판형은 특별히 의식하지 않아도 된다'고 말해주셔서 신서판 출간을 상정하지 않고 그간 쌓아두었던 원고를 고쳐 쓰기로 했다.

원고는 기본소득과 관련된 기발표 논문 일부와 2006년부터 간간이 이어져온 가타다 가오리堅田香緒里 씨와의 공동연구 과정에서 쓴 글이다. 그녀는 당시 영국에서 전혀 다른 연구를 하고 있던 나에게, 현재 일본에서 기본소득을 주장해야 할 필요성을 상기시켜주었다. 우리는 현재 이 책의 제2장과 관련된 공동연구를 진행하고 있다. 제2장 3절과 관련하여 영국의 청구인조합 활동가들인 로저 클립셤Roger Clipsham(버밍엄), 잭 그래스비 Jack Grassby(사우스실즈), 토머스 애슈턴Thomas Ashton(리버풀), 빌 조던Bill Jordan(뉴턴애벗), 그리고 여기에 이름을 밝힐 수 없지만 인터뷰에 응해준 청구인조합원들로부터 많은 정보를 얻었다.

제2장 1절의 내용에 대해 조사하게 된 계기는, 필자가 2005년 영국에서 열린 '비물질노동' 관련 회의에서 발표를 했을 때 미국에서 온 참가자들로부터 받은 코멘트이다. 그들과 토론하면서 많은 것을 알게 되었다. 제2장 2절과 제3장은, 안드레아 푸마갈리Andrea Fumagalli와 스테파노 루카렐리Stefano Lucarelli를 비롯한 이탈리아 친구들로부터 많은 정보를 얻었다. 제1장에서 다룬 노동복지에 대해서는, 고바야시 하야토小林勇人 씨와 가졌던 토론에서 많은 도움을 얻었다. 제1장과 제5장에서 다룬 급부형 세액공제에 대해서는 다나카 소이치로田中聡一郎 씨가 많은 것을 알려주었다. 그리고 그와 함께한 공동연구[1]에서도 많은 자극을 받았다. 사회보장 관련 통계에 대해서는 시카타 마사토四方理人 씨가 많은 것을 가르쳐주었다. 제3장의 칼럼과 간주에서 다룬 판 파레이스의 논의는 무라카미 신지村上愼司 씨의 도움을 받았다.

물론 틀린 부분이 있다면 그것은 모두 필자의 책임이다. 참고자료를 수집할 때, 앞서 언급한 분들 외에 케임브리지대학 도서관과 도시샤대학 도서관에도 신세를 졌다. 이 책에서 인용하

---

[1] Toru Yamamori, "Una Sola Moltitudine: Autonomous claimants' struggles for the second programme of Multitude in Italy, the UK and Japan"(2006), http://www.geocities.com/immateriallabour/yamamoripaper2006.html(2008年3月20日最終閲覧).

고 있는 문헌 중 번역본이 있는 경우는 가능한 한 그 번역을 따랐지만, 원문에서 기본소득 또는 보장소득에 해당하는 것이 소득보장 일반이나 임금으로 번역되어 있는 경우 등 필요에 따라 적절히 수정을 가한 부분도 있다.

머리말에서 서술한 대로, 1990년대 초 기본소득에 대해 처음 들었을 때 나는 외려 위화감을 느꼈다. 그것은 체불된 임금을 요구하고 있다가 시혜를 받는 느낌, 무죄판결을 요구하고 있다가 사면을 받아버린 느낌이었다.

그 위화감이 어떻게 해소되었는지는 아주 개인적인 이야기라 생략하겠지만, 이 책의 서술 속에 일부분 녹아 있지 않을까 생각한다. 요컨대 재판에 비유하자면 기본소득은 사면이 아니라 변호인을 붙이거나 법정에 대한 접근을 보장하는 것, 즉 재판을 공정하게 만드는 전제조건이자 재판의 결과에 관계없이 보장되어야 하는 것이다. 따라서 어떤 투쟁이든 기본소득은 목표가 아니라, 당연한 것으로서 획득되어야 하는 것 아닐까. 그러한 전제조건이 갖춰진 상태에서, 비유적으로 말해 재판 결과가 승리냐 패배냐(임금이 오를지 떨어질지)는 상대적으로 별개의 문제이다. Q&A에서도 다루었듯, 소박하게 접근해보면 많은 사람이 꺼리는 소위 '더러운 일'의 임금이 오를 수도 있다. 반면 기계화가 진행되어 거꾸로 많은 사람이 하고 싶어 하는 일의 임금이 떨어질 수도 있다. 예컨대 현재 대학에서는 전임교원의 임금이 청소노동자의 임금보다 높은데, 이것이 역전될지도 모를 일이다.

뜻하지 않게 (전적으로 나의 게으름 때문에 다른 출판기획 간행이 늦어져서) 이 책이 나의 최초의 단독 저서가 되었다. 기본소득 없는 사회에서 나를 키워주신 부모님께 이 자리를 빌려 감사를 드리고 싶다. 끝으로 거침없이 치열하게 살았던 친구들과의 추억에 이 책을 바친다.

내가 기본소득이라는 아이디어를 처음 접한 것은 안토니오 네 그리와 마이클 하트의 『제국』에서였다. '사회적 임금'과 '보장소 득'이라는 낯선 개념을 통해, 나는 '다른 세계는 가능하다'라는 외침을 단순한 구호가 아닌 진리로 확신하게 되었다. 힘들지언 정 불가능한 것이 아니라는 확신을 갖게 된 것이다. 그리고 이 것이 정치철학적 개념으로서만 존재하는 것이 아니라, 현실 정 치—그것이 의회정치든 직접행동이든—에서 '기본소득'이라 는 이름으로 진행되고 있음을 알게 되었다. 그때부터 나는 연구 와 운동을 함께 모색하는 연구활동가이자 누구보다도 기본소 득이 절실한 당사자로서 친구들과 함께 기본소득을 공부하기 시작했고, 그러던 와중에 이 책을 만나게 되었다.

기본소득에 대한 친절한 입문서인 동시에 잘 짜여진 구조와 내실을 갖춘 훌륭한 책이었기에, 나는 이 책이 한국 사회에 반 드시 소개되어야 한다고 생각했다. 그러나 애석하게도 출간을 추진하던 2012년 무렵은 기본소득이 지금만큼 인구에 회자되 던 시절이 아니어서 출판사를 찾지 못했고, 개인 공부 삼아 진 행하던 번역도 절반 정도에서 중단되어버렸다. 그렇게 표류하던 책이 6년이라는 세월이 흘러 세상의 빛을 보게 되니 여러모로 감회가 새롭고 감사하다. 모쪼록 집어들 때는 가볍지만 내려놓을 때는 묵직한 그런 책이 되었으면 한다.

감사한 분들이 정말 많지만, 제일 먼저 후지이 다케시 선생님께 감사를 전하고 싶다. 저자의 친구이기도 한 후지이 선생님이 삼인출판사를 연결해주지 않았다면, 이 책은 기본소득에 관심이 있으면서 일본어를 할 줄 아는 소수의 사람들만 향유하는 자료로 남았을 것이다. 더불어 기본소득을 접했을 무렵 치열하게 고민하고 공부하고 토론했던 연구공간 L 친구들에게도 감사드린다. 그때 함께한 시간이 또 하나의 열매를 맺었구나, 하며 흐뭇해했으면 좋겠다. 또한 이 책의 출판을 흔쾌히 맡아주신 삼인출판사와 오래 묵어 들쭉날쭉한 원고를 말끔히 다듬어주신 이수경 선생님께, 그리고 여러 가지 질문에 성심으로 답해주신 광문사와 저자 야마모리 선생님께도 감사드린다.

마지막 인사는 이 책에서 내가 가장 좋아하는 표현을 빌려볼까 한다. "기본소득 없는 사회에서 나를 키워주신" 사랑하는 나의 할머니와 가족들에게 감사와 존경을 보낸다. 나아가 기본소득이 있는 사회에서 가족의 틀을 넘어 서로가 서로를 돌볼 수 있는 날이 어서 오길, 그날을 앞당기는 데 이 책이 도움이 되길 간절히 바란다.

2018년 11월 21일
행신동에서